Inhalt

Ich begleite dich durch dieses Heft. Ich lebe im Meer und bin unter verschiedenen Namen bekannt: Tintenfisch, Oktopus oder Krake.

Es gibt verschiedene Möglichkeiten, wie du an Informationen gelangen kannst.

In einem Lexikon nachschlagen

Es gibt viele verschiedene Lexika, ganz allgemeine oder solche zu einem bestimmten Thema, z. B. Tiere oder Länder.
Manche Lexika sind noch spezialisierter, sie befassen sich z. B. nur mit Spinnen oder mit Pilzen.

- Überlege, worüber du etwas wissen möchtest. Wie heißt das Thema?
- Suche ein passendes Lexikon aus.
- Die Stichwörter im Lexikon sind nach dem Alphabet geordnet. Überlege dir ein passendes Stichwort. Suche an der richtigen Stelle.
- Lies den Text zu deinem Stichwort genau durch.
- Hast du die Antwort auf deine Frage gefunden? Falls nicht, schaue in einem anderen Lexikon nach oder nutze eine andere Möglichkeit, dich zu informieren.

Lexika und Fachbücher kannst du in einer Bibliothek ausleihen. Dort kannst du häufig auch im Internet recherchieren.

In einem Fachbuch nachlesen

Zu vielen Themen gibt es Fachbücher. Sie enthalten sehr viele Informationen zu einem bestimmten Thema.

- Wähle ein passendes Fachbuch aus.
- Schaue dir das Inhaltsverzeichnis an. In welchem Kapitel könnte etwas zu deiner Frage stehen?
- Überfliege das Kapitel. Findest du eine Antwort?
- Lies das Kapitel, in dem du Informationen zu deiner Frage gefunden hast, genau.

Internetrecherche

Sprich „Internetreschersche“.

- Öffne deinen Internetbrowser.
- Im Internet gibt es verschiedene Suchmaschinen. Sie helfen dir, Internetseiten zu bestimmten Themen zu finden. Suchmaschinen für Kinder sind z. B. www.blinde-kuh.de, www.helles-koepfchen.de, www.milkmoon.de.

  Gib eine dieser Adressen oder die einer anderen Suchmaschine in den Browser ein.

- Auf der Startseite findest du ein weißes Feld. Daneben befindet sich ein Feld „Suchen“.

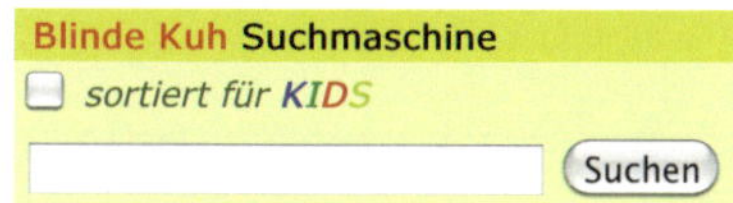

  Klicke in das weiße Feld und schreibe deinen Suchbegriff hinein. Der Suchbegriff ist das Thema, zu dem du etwas herausfinden (recherchieren) möchtest.

  Klicke nun auf „Suchen“.

- Es erscheint eine Liste mit Internetseiten zu dem Suchbegriff. Du kannst sie anklicken und auf diesen Seiten recherchieren.

Achtung!
Prüfe bei jeder Seite, ob die Informationen für dich wichtig sind. Achte bei deiner Recherche darauf, wer die Internetseite geschrieben und gestaltet hat. Ist es ein Experte für das Thema oder hat der Schreiber eine bestimmte Absicht?

Experten befragen

Überlege, wer sich mit dem Thema, das dich interessiert, besonders gut auskennt. Dieser Person kannst du deine Fragen stellen.

Wie entstehen eigentlich Geräusche und Töne?
Um Schall, also Geräusche und Töne zu erzeugen, muss die Luft in Schwingungen versetzt werden. Die Luft muss gleichmäßig und schnell oder stark angestoßen werden.

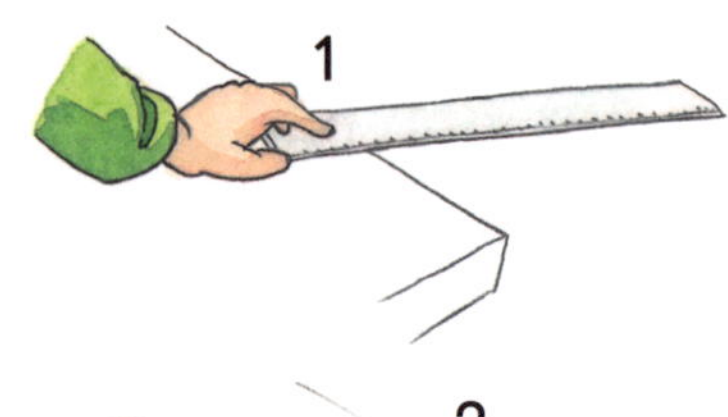

Nimm ein Lineal und lege es an den Rand eines Tisches. Halte es mit einer Hand auf dem Tisch fest. Biege es mit der anderen Hand nach unten und lasse los.

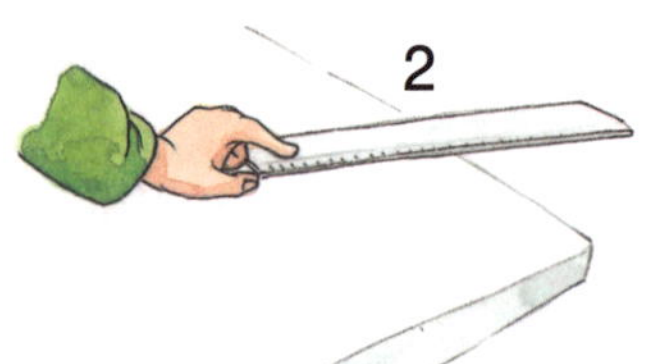

Was beobachtest und hörst du, wenn sich das Lineal ganz am Rand befindet (wie auf Bild 1)**?**
Was beobachtest und hörst du, wenn das Lineal zur Hälfte auf dem Tisch liegt (wie auf Bild 2)**?**

___

___

___

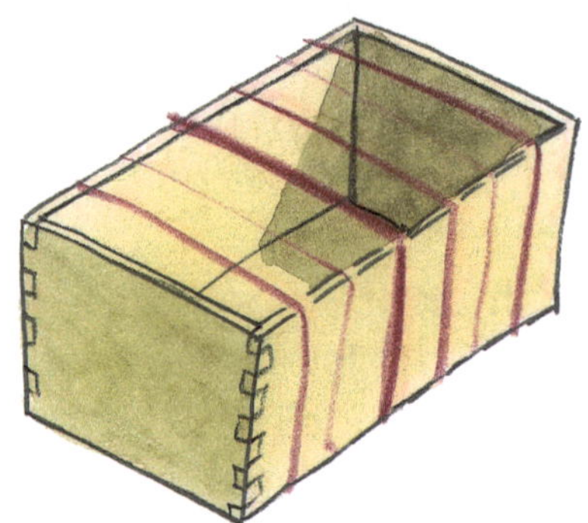

Wenn du ein Gummi zwischen zwei Fingern spannst und zupfst, hört man kaum etwas, obwohl es schnell schwirrt. Probiere aus.

So kannst du eine einfache Gummi-Gitarre bauen, die laute Töne erzeugt:
Du benötigst einen offenen Karton als Schallkörper und Gummis als Klangsaiten.

Dicke Gummis klingen ___

Dünne Gummis klingen ___

Probiere nun auch unterschiedlich große Kartons.
Was verändert sich?

___

Hast du die Seite fertig bearbeitet? Dann darfst du dir hinten einen Stern auf die Nummer 67 kleben.

Die Luft, die durch eine Schallquelle wie das Lineal oder die Gummis bewegt wird, kann man zwar nicht sehen. Dass die Luft aber in Bewegung versetzt wird, zeigt der folgende Versuch.

Spanne ein Stück Frischhaltefolie oder eine Plastiktüte über einen Topf und befestige sie mit einem Gummi. Nun lege ein paar Reiskörner auf die Folie. Nimm jetzt ein Backblech, halte es 10 cm vom Topf weg und klopfe mit einem Kochlöffel dagegen (auf die Seite des Bleches, die nicht dem Topf zugewandt ist).

Was beobachtest du? Erkläre.

Der Schall bewegt sich in der Luft in alle Richtungen. Damit man Töne und Geräusche über eine weitere Entfernung hört, kann man ihnen einen Weg vorgeben. Ein Beispiel dafür ist ein Telefon aus langen Schläuchen. Das gab es früher in großen Häusern und auf Schiffen.

Lege eine Uhr oder einen Wecker, die leise ticken, auf einen Tisch. Baue dir nun ein Hörrohr aus Papier oder aus einem Trichter und einem Schlauch. Probiere aus, wie du das leise Ticken mit und ohne Hörrohr hörst.

Ohne Hörrohr:

Mit Hörrohr:

Ob Töne hoch oder tief klingen, hängt von verschiedenen Faktoren ab.

Spanne das gleiche Gummi einmal der Breite nach (Bild 1) und einmal der Länge nach (Bild 2) um einen Karton. Wie klingen die Töne?

1

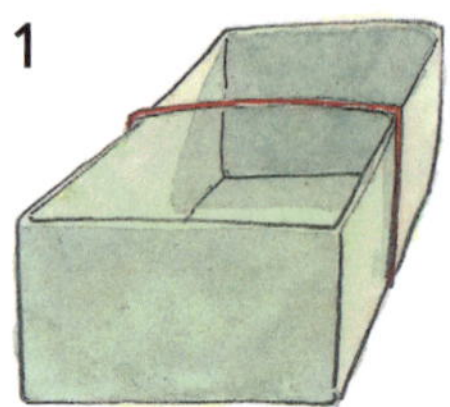

2

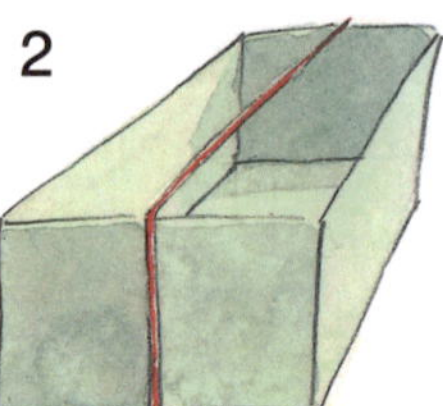

Ist das Gummi kurz (1), klingt der Ton ______________________

Ist das Gummi lang (2), klingt der Ton ______________________

Viele Musikinstrumente haben keine Saiten (die Saiten haben wir oben durch Gummis ersetzt), sondern sie bestehen z. B. aus Rohren, in die man hineinbläst (Trompete oder Flöte). Andere Instrumente bestehen aus Kästen oder Stäben, auf die man schlägt (Trommeln oder Xylofone).
Wie dabei hohe und tiefe Töne entstehen, zeigt dir folgender Versuch:

Du brauchst 4 gleiche Glasflaschen, einen Kochlöffel und Wasser. Fülle nun die Flaschen mit unterschiedlich viel Wasser und stelle sie der Reihe nach auf.

Wie verändern sich die Töne, wenn du mit dem Kochlöffel gegen die Flaschen schlägst?

Viel Wasser, wenig Luft: ______________________

Wenig Wasser, viel Luft: ______________________

Puste nun in die gleichen Flaschen.
Wie verändern sich die Töne jetzt?

Viel Wasser, wenig Luft: ______________________

Wenig Wasser, viel Luft: ______________________

Hast du die Seite fertig bearbeitet? Dann darfst du dir hinten einen Stern auf die Nummer 120 kleben.

Um Töne über weite Entfernungen schicken zu können, wurden verschiedene Geräte wie das Telefon oder das Radio erfunden. Das erste derartige Gerät war der Telegraf. Samuel Morse erfand ihn um das Jahr 1837. Dazu dachte er sich auch ein Alphabet aus Punkten und Strichen aus, weil man mit dem Telegrafen nur lange und kurze Töne machen konnte.

Heute wird das Morsealphabet noch in der Schifffahrt und von Hobbyfunkern benutzt. Ein wichtiges Zeichen heißt SOS (···–––···).
Es wird gesendet, wenn jemand gerettet werden muss oder in Not ist.

Kannst du diese Botschaft entschlüsseln?

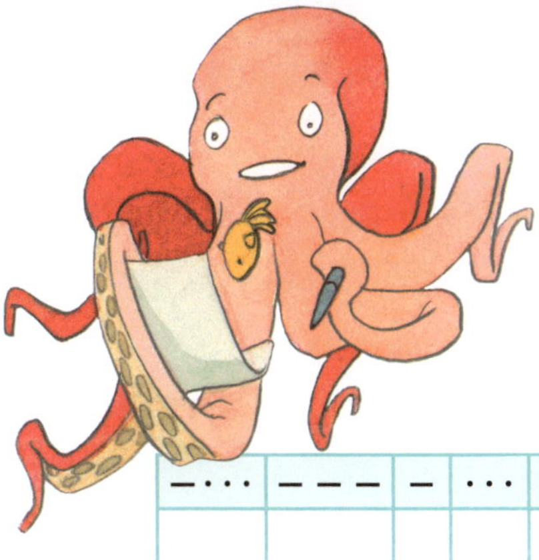

––	–––	·–·	···	·	–·

··	···	–

–·	··	–·–·	····	–

·–··	·	··	–·–·	····	–

,

·–	–···	·	·–·

––	·–	–·

–·–	·–	–·	–·

···	–––

––·	·	····	·	··	––	·

–···	–––	–	···	–·–·	····	·–	··–·	–	·	–·

···	·	–·	–··	·	–·

.

A	·–	**J**	·–––	**S**	···	**1**	·––––
B	–···	**K**	–·–	**T**	–	**2**	··–––
C	–·–·	**L**	·–··	**U**	··–	**3**	···––
D	–··	**M**	––	**V**	···–	**4**	····–
E	·	**N**	–·	**W**	·––	**5**	·····
F	··–·	**O**	–––	**X**	–··–	**6**	–····
G	––·	**P**	·––·	**Y**	–·––	**7**	––···
H	····	**Q**	––·–	**Z**	––··	**8**	–––··
I	··	**R**	·–·	**0**	–––––	**9**	––––·

Schreibe eine Geheimbotschaft auf und lasse sie von einem Freund oder einer Freundin entschlüsseln. Versucht auch, euch Botschaften zuzuklopfen.

Hast du die Seite fertig bearbeitet? Dann darfst du dir hinten einen Stern auf die Nummer 72 kleben.

Versuche, mit einer Taschenlampe in einem dunklen Raum so zu leuchten, wie du es auf den Bildern siehst.

Stelle dir vor, der Rahmen sind die Wände.
Zeichne einen gelben Punkt an die Stelle, an der du den Lichtpunkt siehst. Zeichne den Weg des Lichtes. Was fällt dir auf?

___

___

Versuch

Du benötigst:
- Karton
- Taschenlampe
- Papier

Schneide in die Mitte jeder Seitenwand ein Loch.
Leuchte mit einer Taschenlampe in eine Öffnung.
Halte vor die anderen Löcher ein weißes Blatt Papier.
Vor welcher Öffnung kannst du einen Lichtpunkt auf dem weißen Papier sehen?
Probiere auch die anderen Öffnungen aus.

Kreuze an, was richtig ist.

- ☐ Das Licht scheint um die Ecke.
- ☐ Der Lichtpunkt ist immer gegenüber der Lichtquelle (Taschenlampe).
- ☐ Das Licht strahlt geradeaus.
- ☐ Der Lichtstrahl kommt immer aus allen Öffnungen.

Hast du die Seite fertig bearbeitet? Dann darfst du dir hinten Sterne auf die Nummern 108 und 109 kleben.

Versuch

1. Leuchte mit einer Taschenlampe von oben gerade auf den Boden. Halte ein kleines Stück Karton oder deine Hand dazwischen. Zeichne deine Beobachtung in die Skizze ein.

2. Bewege den Karton langsam auf und ab. Was beobachtest du?

   Je näher der Karton an der Lichtquelle ist,

   umso ________________ wird der Schatten.

   Je weiter er von der Taschenlampe weg ist,

   umso ________________ wird der Schatten.

Male den richtigen Schatten schwarz an.

Kreise die richtige Sonne ein.

Wir können den Mond am Himmel sehen, wenn er von der Sonne angestrahlt wird.
Bei einer Mondfinsternis steht die Erde zwischen der Sonne und dem Mond. Die Erde wird von der Sonne angestrahlt. Der Schatten der Erde trifft auf den Mond. Der Mond ist kleiner als die Erde.
Vervollständige mithilfe dieser Erklärung die Skizze zur Mondfinsternis.

Hast du die Seite fertig bearbeitet? Dann darfst du dir hinten einen Stern auf die Nummer 154 kleben.

Versuch

Du benötigst:
- einen kleinen Gegenstand, z. B. eine Spielfigur
- einen Spiegel
- ein Stück Karton als Trennwand

Stelle den Gegenstand hinter die Trennwand, sodass du ihn nicht siehst. Probiere aus, wie du den Spiegel aufstellen musst, damit der Gegenstand für dich wieder sichtbar wird. Wann wird das Männchen mithilfe des Spiegels sichtbar? Kreuze an.

☐ ☐ ☐

Versuch

Du benötigst:
- einen Spiegel
- eine Taschenlampe
- einen dunklen Raum

Halte den Spiegel und die Taschenlampe, so wie du es auf dem Bild siehst. Zeichne im Bild ein, wo du den Lichtpunkt an der Wand sehen kannst.

Bewege die Taschenlampe vor dem Spiegel hin und her. Was passiert mit dem Lichtpunkt an der Wand? Zeichne den Weg des Lichts in den Zeichnungen ein.

Du brauchst deinen Versuchskarton von Seite 8. Baue darin mehrere Spiegel so ein, dass das Licht aus allen drei Öffnungen gleichzeitig kommt. Wenn du nicht genügend Spiegel hast, kannst du auch Kartonstücke mit Alufolie überziehen und als Spiegel verwenden.

Versuch

Du benötigst:
- ein rundes Glas
- Wasser
- Taschenlampe
- ein weißes Blatt Papier

Leuchte mit der Taschenlampe zuerst durch das leere Glas und halte das Blatt Papier dahinter. Fülle das Glas mit Wasser. Leuchte wieder mit der Taschenlampe durch das Glas.

Wie verändert sich der Lichtpunkt?

Er wird ☐ dunkler ☐ heller ☐ größer ☐ kleiner.

Wenn das Licht durch das gefüllte Glas scheint, werden die Lichtstrahlen gebrochen, d. h. sie werden abgelenkt. Hier treffen jetzt mehr Lichtstrahlen auf einen Punkt, dadurch wird das Licht heller.

So kannst du dir das vorstellen:

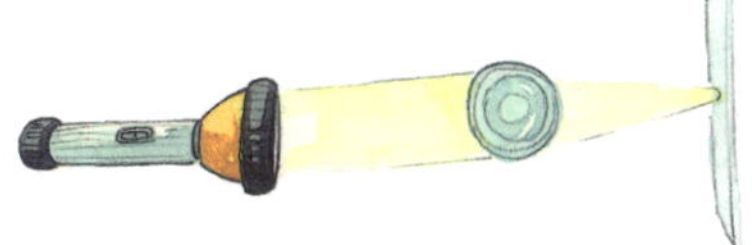

Bei welchen dieser Materialien wird der Lichtpunkt heller, wenn du hindurch leuchtest? Teste wieder mit einer Taschenlampe und einem Blatt Papier.

	Licht wird heller	**Licht wird nicht heller**
durchsichtige Schachtel (z. B. von einem Kartenspiel), mit Wasser gefüllt		
durchsichtige Folie		
Wassertropfen auf einer durchsichtigen Folie		
Lupe		

Was haben alle Materialien gemeinsam, bei denen der Lichtpunkt heller wird?

___

Hast du die Seite fertig bearbeitet? Dann darfst du dir hinten Sterne auf die Nummern 133 und 146 kleben.

Eine der wichtigsten technischen Erfindungen des Menschen, das Rad, ist schon über 6000 Jahre alt. Lange Zeit kamen Räder nur an Fahrzeugen, die von Menschen oder Tieren gezogen werden mussten, zum Einsatz. 1817 baute dann Karl Friedrich Freiherr Drais von Sauerbronn eine lenkbare „Schnelllaufmaschine", die Draisine. Das Rad war ganz aus Holz und besaß keine Pedale.
Der erste Schritt zum Kettenantrieb gelang 1853 dem deutschen Instrumentenbauer Philipp Moritz Fischer. Er baute an das Vorderrad eines Laufrades eine Tretkurbel. 1861 vergrößerten die Franzosen Pierre und Ernest Michaux das Vorderrad und erfanden das Hochrad. Hochräder waren bis 1,5 Meter hoch.

Entdecke den Vorteil des Hochrads:

Zeichne mit dem Zirkel einen Kreis mit 2 cm Durchmesser und einen Kreis mit 4 cm Durchmesser auf. Die Kreise stellen das Vorderrad eines Hochrades und das eines normalen Rades dar. Schneide beide aus. Markiere jeden Kreis mit einem Punkt am Rand. Rolle nun den kleinen Kreis einmal von Punkt zu Punkt ab. Miss die zurückgelegte Entfernung. Wiederhole alles mit dem großen Kreis. Vergleiche die zurückgelegten Strecken.

Strecke bei 2 cm Durchmesser: ______________________

Strecke bei 4 cm Durchmesser: ______________________

Welchen großen Nachteil hatten Hochräder?

____

1884 wurde erstmals ein Kettenantrieb am Vorderrad eines Fahrrades eingebaut. Mit dem Kettenantrieb konnte man das Vorderrad wieder kleiner bauen und brauchte trotzdem nicht mehr Kraft, das Rad zu bewegen. Seit 1890 wird der Kettenradantrieb an das Hinterrad gebaut.

Hast du die Seite fertig bearbeitet? Dann darfst du dir hinten einen Stern auf die Nummer 111 kleben.

Damit der Kettenantrieb erfunden werden konnte, mussten vorher noch einige Entdeckungen stattfinden.

Überlege, welche und fülle die Tabelle aus:

Wann?	Was?	Wer?
	Rad	–
	Draisine	
	Pedale an Vorderrad	
	Hochrad	
	Kettenantrieb	–

Forsche nach:

Schau dir deine Gangschaltung am Fahrrad genau an. Drehe es dazu um und stelle es auf Lenker und Sattel. Stelle den kleinsten Gang ein. Drehe die Pedale mit den Händen.

Beobachte und fülle die Tabelle aus.

	Kette läuft hinten auf kleinstem Zahnrad	Kette läuft hinten auf größtem Zahnrad	viel Kraft beim Drehen nötig	Hinterrad läuft schnell
großer Gang				
kleiner Gang				

Wo findest du heute noch andere Fahrzeuge, die mit Ketten angetrieben werden?

____

____

____

Hast du die Seite fertig bearbeitet? Dann darfst du dir hinten einen Stern auf die Nummer 73 kleben.

Um einen steilen Berg zu besteigen, kann man entweder den direkten, also kürzesten und steilsten Weg gehen oder man wählt einen langen, gewundenen, aber eher flachen Weg.

Schau dir die Zeichnung an und fülle die Lücken sinnvoll:

kurz | lang | viel | wenig

__________ Weg, __________ Kraft   __________ Weg, __________ Kraft

Die Goldene Regel der Mechanik lautet: Wenn du Kraft sparen willst, musst du den Weg verlängern. Diese Regel wird auch bei einem Kran genutzt. Damit kann man mithilfe eines Flaschenzugs besonders schwere Gewichte hochheben.

Versuch

Du benötigst:

- zwei Besenstiele
- zwei Freunde
- ein langes Seil (5 m)

Deine Freunde halten die Besenstiele parallel zueinander fest. Der Abstand der Besenstiele beträgt ungefähr 50 cm. Knote nun das Seil an einem Besenstiel fest. Wickle es dreimal um die Besenstiele. Ziehe nun an dem losen Ende. Was passiert? Wechselt euch ab. Verändert den Versuch, indem ihr das Seil nur zweimal oder auch viermal um die Besenstiele wickelt.

Wie verändert sich die Kraft, die ihr beim Ziehen am Seil aufbringen müsst,

a) wenn das Seil zweimal um die Besenstiele gewickelt ist:

____

____

b) wenn das Seil viermal um die Besenstiele gewickelt ist:

____

____

Unten siehst du einen Flaschenzug, an dem ein 1 kg schweres Gewicht hängt. Vergleiche den Flaschenzug mit deinem Versuch. Was ist gleich?

Das Seil läuft über __________ Rollen, die Last verteilt sich auf __________ Seilstücke. Die Kraft, die aufgewendet werden muss, ist nur noch ________________ so groß, der Weg des Seils wird aber __________ länger.

Setze richtig ein: zwei | ein halbes Mal | zweimal | zwei

Es kann richtig anstrengend sein, sich gegen den Wind zu stemmen, wenn er heftig weht. Im Wind steckt eine große Kraft.

Um diese Kraft für sich arbeiten zu lassen, bauten Menschen Windmühlen.
Damit konnten sie Korn mahlen, Wasser aus Wassergräben der Äcker pumpen und ins Meer leiten, Holz sägen, Stoffe weben oder andere Maschinen antreiben.

Überlege:

Wie trifft der Wind auf die Flügel?
In welche Richtung bewegen sie sich?
Zeichne mit Pfeilen ein.

Welche Teile der Windmühle bewegen sich?
Male sie an.

Zeichne mit Pfeilen ein, in welche Richtung sich nun Zahnräder und Mahlsteine bewegen.

Heute wird Windenergie genutzt, um sie in elektrische Energie umzuwandeln. Wie das funktioniert, kannst du auf Seite 50 nachlesen.

Moderne Windmühlen heißen Windkraftanlagen oder Windgeneratoren.

Hast du die Seite fertig bearbeitet? Dann darfst du dir hinten einen Stern auf die Nummer 152 kleben.

Beschrifte die Zeichnung.

Diese Wörter fehlen: Rotorblatt | Getriebe | Generator | Turm

Windgeneratoren stehen auf einem über 100 Meter hohen Turm aus Stahl.
Warum?

- [ ] Die Rotorblätter glänzen so schöner in der Sonne.
- [ ] Auch große Lastwagen können so gefahrlos darunter durchfahren.
- [ ] Der Wind bläst in großen Höhen weniger stark.
- [ ] Der Wind bläst in großen Höhen kräftiger, weil er nicht durch Bäume und Gebäude gebremst wird.
- [ ] Je höher der Turm, desto kürzer ist der Weg des Stroms in die Hochspannungsleitung.

Inzwischen gibt es große Windparks im Meer. Sie heißen Offshore-Windparks. „Offshore“ ist englisch und bedeutet „vor der Küste“. Der Wind über dem Meer bläst kräftig und eigentlich immer. Dort fühlt sich auch niemand durch die Geräusche und Bewegungen der Rotorblätter gestört.

Aber es gibt auch einige Nachteile: ______________________________

____

Menschen haben die Kraft des Wassers schon sehr früh für sich arbeiten lassen. Diese Kraft des Wassers kannst du mit einem selbstgebauten Wasserrad spüren.

Du benötigst:
- Knetmasse
- ein Holzstäbchen
- eine leere Milchtüte
- eine Schere

Forme aus der Knetmasse eine Kugel. Durchbohre sie mit dem Holzstäbchen. Schneide aus der Milchtüte vier kleine Schaufeln aus. Stecke sie in gleichen Abständen in die Knetkugel.

Lege dein Wasserrad zwischen Daumen und Zeigefinger. Lass Wasser darüber laufen.

Verändere den Wasserstrahl.
Vervollständige den Satz:

Je mehr Wasser fließt, desto ________________ dreht sich das Rad.

Je weniger Wasser fließt, desto ________________ dreht sich das Rad.

Verändere nun die Größe deiner Schaufeln des Wasserrads:
Schneide vier Schaufeln aus, die doppelt so groß sind.
Wiederhole deinen Versuch.

Werden die Schaufelräder größer, dreht sich das Wasserrad ____________.

Verändere die Anzahl der Schaufeln:
Nimm zwei Schaufeln aus deinem Wasserrad heraus.
Stecke 8 Schaufeln in die Kugel.

Je mehr Schaufeln desto ________________ dreht sich das Wasserrad.

Je weniger Schaufeln desto ______________________________________ dreht sich das Wasserrad.

Hast du die Seite fertig bearbeitet? Dann darfst du dir hinten Sterne auf die Nummern 88 und 125 kleben.

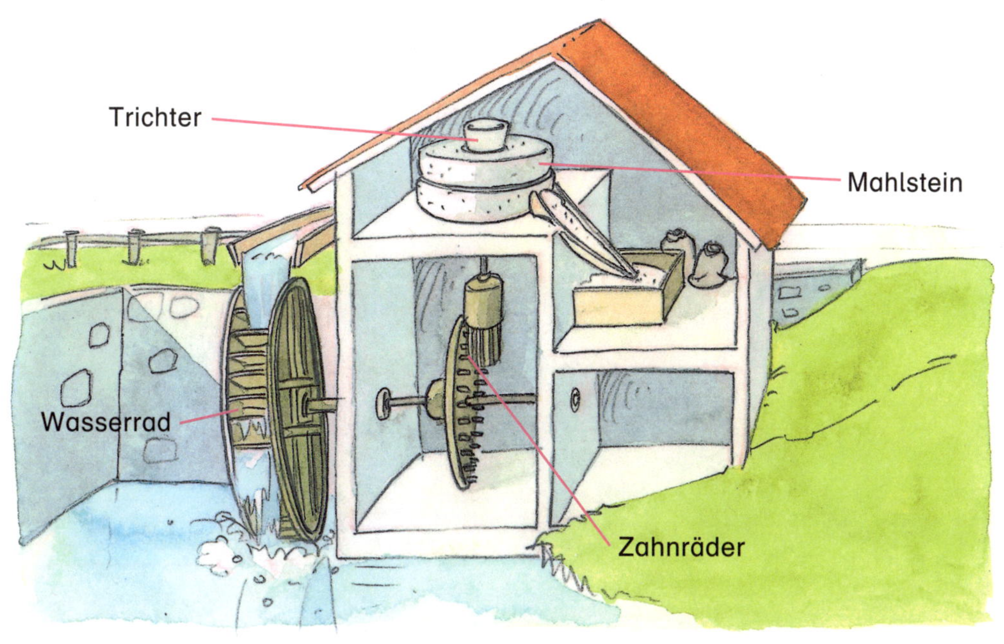

Zeichne ein, in welche Richtungen sich Wasserrad, Zahnräder und Mahlstein drehen.

Betrachte die Zeichnung genau und fülle die Lücken:

Das Wasser fließt über das ______________________ und treibt es an.

Mit ihm drehen sich die Stange und die ______________________.

Darüber wird die Bewegung auf den ______________________ übertragen.

Er zermahlt das Getreide, das in den ______________________ geschüttet wird. Über ein Sieb fällt das gemahlene Mehl in den Mehlkasten.

Wasserräder konnten viele verschiedene Maschinen antreiben.
Überlege:

	möglich	**nicht möglich**
Balken und Bretter zersägen		
Stoffe weben		
Brot backen		
Hammer auf und nieder bewegen		
Wäsche trocknen		

Bereits die Menschen in der Steinzeit und die alten Ägypter benutzten einfache Maschinen, um schwere Gegenstände zu heben.

Erkläre, wie das funktioniert.

Baue nach.
Benutze einen Radiergummi, ein Lineal und ein schweres Buch.

Baue nach.
Benutze einen Kochlöffel, Garn, einen großen Stein, eine Streichholzschachtel, mehrere kleine Steine, einen Eierkarton.

Erfinde selbst eine Wurfmaschine.

Hast du die Seite fertig bearbeitet? Dann darfst du dir hinten einen Stern auf die Nummer 115 kleben.

Öffne eine Tür weit. Stelle dich auf die Seite der Tür, auf der du die Tür durch Drücken schließen kannst.

Versuch 1
Lege deinen Zeigefinger auf die Tür, ungefähr dort, wo sich auf der Zeichnung der rote Punkt befindet. Versuche die Tür zuzudrücken.

Versuch 2
Lege deinen Zeigefinger auf die Tür, ungefähr dort, wo sich auf der Zeichnung der gelbe Punkt befindet. Versuche die Tür zuzudrücken.

Versuch 3
Lege deinen Zeigefinger auf die Tür, ungefähr dort, wo sich auf der Zeichnung der grüne Punkt befindet. Versuche die Tür zuzudrücken.

Konntest du die Tür jedes Mal zudrücken?

Bei welchem Versuch ging es am schwersten, bei welchem am leichtesten?

Wiederhole den Versuch zur Kontrolle.

Wie funktioniert das?

Wie kommt man auf die andere Seite?

Baue eine Brücke aus Papier, die drei Spielzeugautos oder Figuren über eine 20 cm breite Schlucht tragen kann.

Zeichne deine Brücke auf:

Wie viele Blatt Papier hast du gebraucht? ______________________

Man kann aus einem einzigen DIN-A4-Blatt eine Brücke bauen, die drei Autos trägt.

Stimmt das? Probiere es aus.

Wie muss man das Blatt falten, damit es drei Autos tragen kann?

____

____

____

____

Hast du die Seite fertig bearbeitet? Dann darfst du dir hinten einen Stern auf die Nummer 171 kleben.

Was gehört zusammen? Verbinde Text, Namen und Bild.

Ein Balken liegt über zwei oder auch mehreren Brückenpfeilern. Die Pfeiler müssen fest im Boden verankert sein. Die Dicke des Balkens, die Anzahl der Pfeiler und der Abstand dazwischen sind entscheidend dafür, wie viel Gewicht die Brücke tragen kann. Diese Brücke ist die einfachste aller Brückenarten.

Balkenbrücke

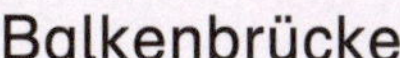

Die Straße wird von einem oder mehreren Bögen getragen. Durch die Bögen wird die Brücke besonders stabil. Manchmal ist auch die Fahrbahn gebogen.

Bogenbrücke

Die Brücke wird an dicken Stahlseilen an den Brückenpfeilern aufgehängt. Die Brückenpfeiler müssen fest im Boden verankert sein, damit die Brücke auch bei Wind nicht umfällt. Diese Art von Brücken siehst du oft über breiten Flüssen.

Hängebrücke

Bei den Brücken hast du gemerkt, dass Papier Einiges tragen kann, wenn du es richtig faltest. Auch ein Turm aus Papier kann sehr stabil sein. Baue einen Turm, der stabil genug ist, eine Murmelbahn zu tragen.

Wenn du noch keine Idee hast, wie du deinen Turm aus Papier bauen möchtest, fang doch mit einem Würfel an. Vielleicht hast du schon einmal ein Kantenmodell von einem Würfel gebaut.

So funktioniert es:

Nimm DIN-A4-Papier und schneide an der kürzeren Seite 3 cm breite Streifen ab.
Für einen Würfel brauchst du 12 Streifen.

Falte jeden Streifen in der Mitte.
Das nennt man L-Profil.

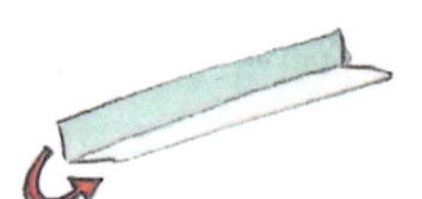
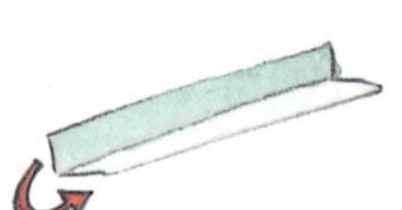

Klebe 4 Streifen zu einem Rahmen zusammen.
Das wird der Boden deines Würfels.
Den Deckel baust du genauso.
Deckel und Boden kannst du mit den restlichen 4 Streifen verbinden.
Falte diese dafür auch zu einem L-Profil.

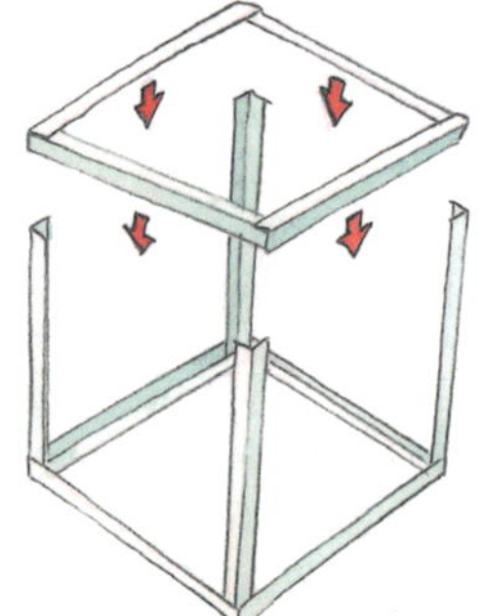

Damit dein Turm das Gewicht der Murmeln tragen kann, solltest du ihn noch verstärken.
Dafür baust du Streben ein, etwa so wie bei einem Fachwerkhaus.
Nimm dafür weitere DIN-A4-Blätter und schneide diesmal an der längeren Seite 4 Streifen ab. Jeder Streifen soll 3 cm breit sein.

Falte auch diese Streifen in der Mitte zu einem L-Profil.

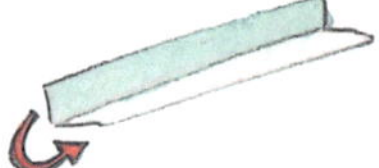

Schneide an der oberen Hälfte die Ecken schräg ab.

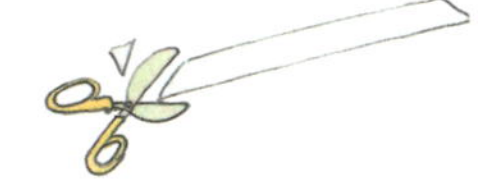

Befestige die Streifen mit etwas Klebstoff diagonal an den 4 Würfelaußenseiten. Den Boden und den Deckel brauchst du nicht zu verstärken.

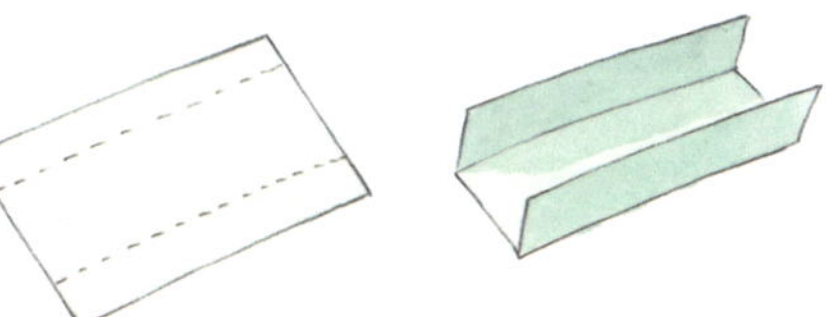

Jetzt fehlen nur noch die Rollschienen für die Murmeln:

Du kannst aus Papier gerade Rollschienen falten, indem du die Ränder wie ein U hochklappst.

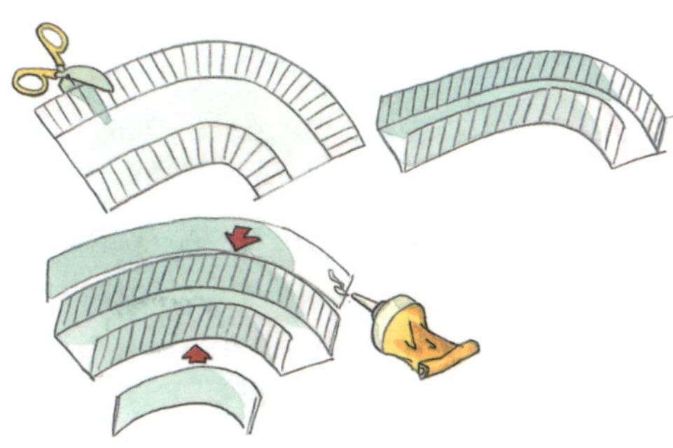

Du kannst aber auch Kurven in deine Murmelbahn einbauen.

Wenn du das Papier zusammendrehst, rollt deine Murmel sogar durch einen Tunnel.

Klebe die Rollschienen zusammen und befestige sie an deinem Turm. Teste deine Murmelbahn. Ist dein Turm stabil genug? Wenn nicht, kannst du noch ein paar Streben einbauen.

Baue ein Fahrzeug. Welche Materialien und Gegenstände eignen sich dafür?

Dein Fahrzeug soll 4 Räder haben,
die sich drehen müssen.
Dein Fahrzeug soll eine Achse haben.
Dein Fahrzeug soll nicht nur ein Fahrgestell,
sondern auch einen Aufbau haben.

Überlege dir, wie du die Räder und die Achse befestigen möchtest.
Es gibt zwei Möglichkeiten:

1. Die Achse ist fest, die Räder müssen sich drehen.

2. Die Räder sind fest mit der Achse verbunden und die Achse bewegt sich mit.

Achte darauf, dass sich die Achse genau in der Mitte des Rades befindet. Die Mitte kannst du mit einem einfachen Trick ganz leicht finden. Lege dein Rad auf ein Stück Papier und zeichne darum herum. Schneide das aufgemalte Rad aus. Falte das Papier zweimal genau in der Mitte. Dort, wo sich die Faltkanten schneiden, ist der Radmittelpunkt. Lege die Schablone auf dein Rad und schon weißt du, wo du die Achse befestigen musst.

Was passt zusammen?

Verbinde den Baufehler und seine Auswirkung mit dem richtigen Bild.

Baufehler	Bild	Auswirkung
Das Loch für die Achse ist nicht in der Mitte.		Die Räder wackeln oder das Fahrzeug verliert ein Rad.
Das Loch für die Achse ist zu groß.		Das Fahrzeug läuft nicht geradeaus oder es fährt gar nicht.
Die Achsen stehen schief.	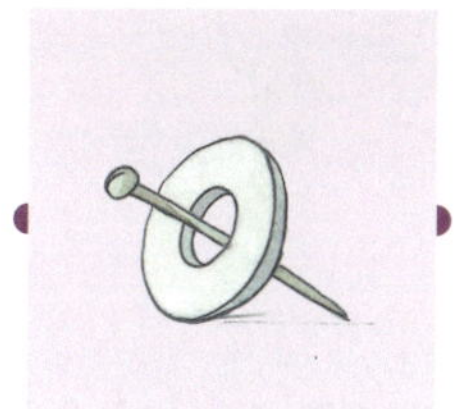	Das Fahrzeug hoppelt.

Fahrzeug TÜV

Baue eine Rampe und teste dein Fahrzeug oder Spielzeugautos:

	ja	nein
Das Fahrzeug fährt geradeaus.		
Alle 4 Räder drehen sich.		
Alle 4 Räder berühren den Boden.		

Hat dein Fahrzeug den TÜV bestanden oder musstest du auch ein „nein“ ankreuzen? Woran könnte das liegen?

____

____

Hast du die Seite fertig bearbeitet? Dann darfst du dir hinten Sterne auf die Nummern 96 und 122 kleben.

Fahrzeuge können auf unterschiedliche Weise angetrieben werden. Schau dir die Zeichnungen genau an. Entscheide dich für einen Antrieb und erkläre, wie er funktioniert.

Hast du die Seite fertig bearbeitet? Dann darfst du dir hinten einen Stern auf die Nummer 97 kleben.

Was gehört zusammen? Verbinde Auto und Text.

Das erste Auto der Welt baute Carl Benz 1886. Es hatte 3 Räder.

Eine Stretchlimousine ist ein verlängertes Auto. Auf der langen Rückbank haben mehrere Personen Platz.

Solarautos haben Sonnenkollektoren auf dem Dach. Die Sonnenstrahlen werden in Strom umgewandelt und treiben so das Auto an.

Es gibt Autos, die mit Strom fahren können. Sie werden an Steckdosen aufgeladen und brauchen kein Benzin.

Ein Oldtimer ist ein Fahrzeug, das älter als 20, 25 oder 30 Jahre ist. Der Käfer wurde ab 1954 in Serie produziert.

Ein Raketenauto wird nicht durch einen Motor, sondern durch Turbinen angetrieben. Es fährt über 1000 km/h schnell.

Das kleinste Auto der Welt ist nur 1,34 m lang und 1 m breit.

Amphibienfahrzeuge können an Land und auf dem Wasser fahren.

Rennwagen werden nur für den Automobilsport gebaut. Am berühmtesten sind die Autorennen, die um die Weltmeisterschaft in der Formel 1 ausgetragen werden.

Hast du die Seite fertig bearbeitet? Dann darfst du dir hinten einen Stern auf die Nummer 87 kleben.

Camera obscura ist Lateinisch und bedeutet dunkler Raum.
Sie wird auch Lochkamera genannt.
Schon im Mittelalter experimentierten Forscher mit der Camera obscura.

So kannst du sie nachbauen:

Du benötigst:
- einen Schuhkarton
- eine Schere
- Butterbrotpapier
- Klebeband
- eine Nadel
- eine Taschenlampe
- ein Dreieck aus schwarzer Pappe, das vorne auf die Lampe passen muss.

1. Klebe das Dreieck aus schwarzer Pappe mit Klebeband auf das Glas der Taschenlampe.

2. Schneide an einer der beiden schmalen Seiten des Kartons ein rechteckiges Fenster aus und klebe Butterbrotpapier dahinter. Das ist die Projektionsfläche. Darauf entsteht das Abbild eines Gegenstandes. In diesem Fall ist es das Abbild des Dreiecks.

3. Stich in die gegenüberliegende Seite mit der Nadel ein Loch.
Das ist deine Blende, durch die das Licht in den Karton eintritt.

4. Lege den Deckel auf den Karton und dichte ihn mit Klebeband ab.
Nun hast du einen dunklen Raum.
Richte die Lochseite in einem abgedunkelten Zimmer auf die eingeschaltete Lampe mit dem Dreieck.

6. Verändere den Abstand zur Taschenlampe so lange, bis auf dem Butterbrotpapier das Abbild des Dreiecks erscheint.
Was fällt dir auf?

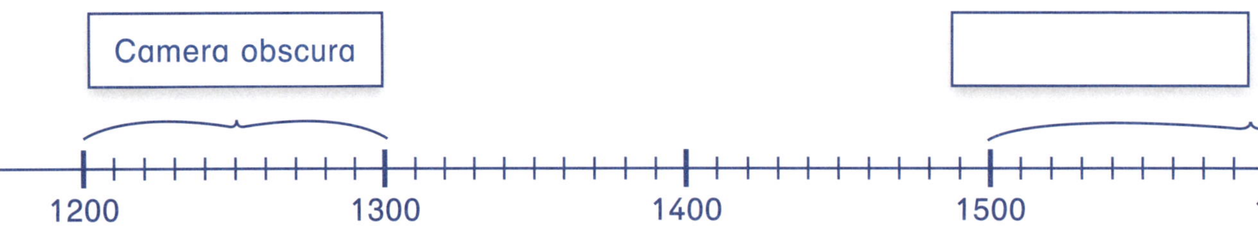

Camera obscura mit Linsen
Um die Camera obscura weiterzuentwickeln, wurden Linsen eingebaut. Dadurch wurde das Abbild heller und schärfer und konnten besser betrachtet oder abgezeichnet werden.

Erste Fotografie
Die erste Fotografie wurde von Joseph Nicéphore Nièpce (1765 – 1833) angefertigt. Das Abbild entstand auf der mit Asphalt beschichteten Projektionsfläche.

Negativ-Positiv-Verfahren
Beim Negativ-Positiv-Verfahren wird zunächst ein Bild erzeugt, auf dem alles Helle dunkel ist und alles Dunkle hell ist (Negativ-Verfahren). Dann wird von diesem Negativ-Bild wieder ein Bild erstellt, auf dem das Dunkle wieder hell ist und das Helle wieder dunkel. So konnten Abzüge erstellt werden.

Kleinbildkameras
Die ersten Kameras waren sehr groß. Durch den Rollfilm war es möglich, sehr viel kleinere Kameras herzustellen. Die kleinen Negativ-Bilder konnten auf die gewünschte Größe vergrößert werden.

Digitalfotografie
Ein Patent für die erste Kamera ohne Film wurde angemeldet. Fünf Jahre später gab es die erste funktionierende digitale Kamera.

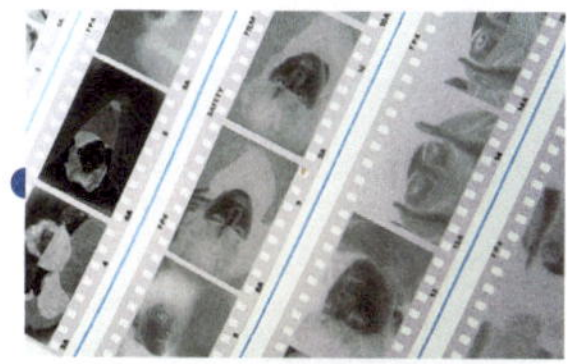

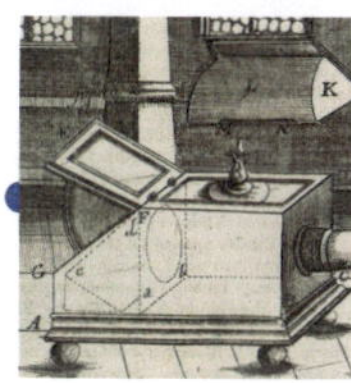

Verbinde die Texte mit dem passenden Bild.

Wann passierte was?
Ordne die Ereignisse auf der Zeitleiste.

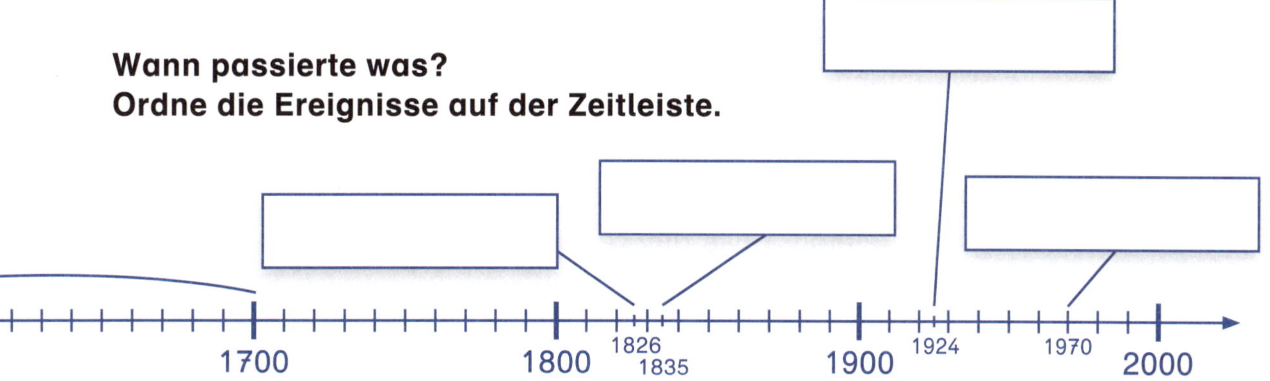

Botschaften übermitteln war schon früher eine wichtige Angelegenheit. Aber erst durch die Erfindung des Telefons konnten Nachrichten schnell übermittelt werden.

1861 Der Bäckersohn Philipp Reis baute das erste Telefon. „Das Pferd frisst keinen Gurkensalat." war der erste Satz, der durch ein Telefon gesprochen wurde. Diese Erfindung wurde jedoch kaum beachtet. Vielleicht lag es auch daran, dass die Tonqualität sehr schlecht war. Außerdem konnte nur der Anrufer sprechen.

1876 Am 10. März 1876 hörte der Assistent von Alexander Graham Bell durch das Telefon seinen Chef sagen: „Mr. Watson, kommen Sie her, ich möchte Sie sehen." Die Übertragung einer „fernen Stimme" – dies ist die Übersetzung des Wortes Telefon aus dem Griechischen – war gelungen. Mithilfe dieses Telefons konnten nun zwei Menschen miteinander sprechen. Als der Amerikaner Bell sein Patent für ein verbessertes Telefon einreichte, war die Erfindung von Reis fast unbekannt.

1877 In seiner neu gegründeten „Bell Company" entwickelte Bell das Telefon weiter und produzierte viele Millionen Apparate. Aus der „Bell Company" wurde später eine der weltweit größten Telefonfirmen. Als Bell 1922 starb, waren in den USA schon über 14 Millionen Haushalte an das Telefonnetz angeschlossen.

1989 „Pocky" war sein Name – und es war das erste mobile Handtelefon, dass die Telekom 1989 auf den Markt brachte. Heute gibt es in Deutschland mehr Handys als Einwohner. Ein Smartphone kann heute auch alles, was ein Computer kann.

Wie entstehen eigentlich Geräusche und Töne?
Um Schall, also Geräusche und Töne zu erzeugen, muss die Luft in Schwingungen versetzt werden. Die Luft muss gleichmäßig und schnell oder stark angestoßen werden.

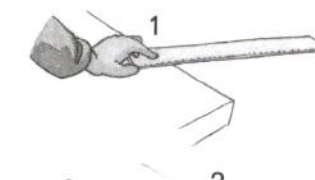

Nimm ein Lineal und lege es an den Rand eines Tisches. Halte es mit einer Hand auf dem Tisch fest. Biege es mit der anderen Hand nach unten und lasse los.

Was beobachtest und hörst du, wenn sich das Lineal ganz am Rand befindet (wie auf Bild 1)**?**
Was beobachtest und hörst du, wenn das Lineal zur Hälfte auf dem Tisch liegt (wie auf Bild 2)**?**

1. Das Lineal schwingt schnell, man hört einen hohen Surrton. 2. Das Lineal schwingt langsam, man hört einen tiefen Ton.

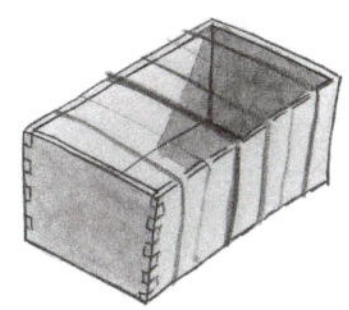

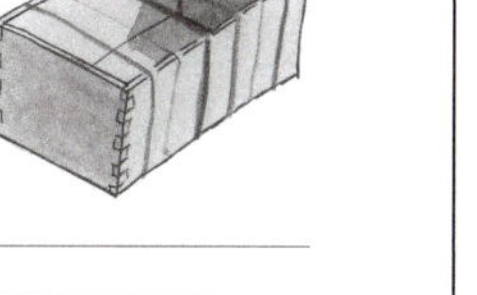

Wenn du ein Gummi zwischen zwei Fingern spannst und zupfst, hört man kaum etwas, obwohl es schnell schwirrt. Probiere aus.

So kannst du eine einfache Gummi-Gitarre bauen, die laute Töne erzeugt:
Du benötigst einen offenen Karton als Schallkörper und Gummis als Klangsaiten.

Dicke Gummis klingen tief

Dünne Gummis klingen hoch

Probiere nun auch unterschiedlich große Kartons.
Was verändert sich?

Je größer der Karton desto lauter der Ton.

Hast du die Seite fertig bearbeitet? Dann darfst du dir hinten einen Stern auf die Nummer 67 kleben.

Die Luft, die durch eine Schallquelle wie das Lineal oder die Gummis bewegt wird, kann man zwar nicht sehen. Dass die Luft aber in Bewegung versetzt wird, zeigt der folgende Versuch.

Spanne ein Stück Frischhaltefolie oder eine Plastiktüte über einen Topf und befestige sie mit einem Gummi. Nun lege ein paar Reiskörner auf die Folie. Nimm jetzt ein Backblech, halte es 10 cm vom Topf weg und klopfe mit einem Kochlöffel dagegen (auf die Seite des Bleches, die nicht dem Topf zugewandt ist).

Was beobachtest du? Erkläre.

Die Reiskörner hüpfen ein wenig. Durch das Klopfen wird die Luft in Bewegung versetzt. Dadurch wird die Folie bewegt und die Körner hüpfen.

Der Schall bewegt sich in der Luft in alle Richtungen. Damit man Töne und Geräusche über eine weitere Entfernung hört, kann man ihnen einen Weg vorgeben. Ein Beispiel dafür ist ein Telefon aus langen Schläuchen. Das gab es früher in großen Häusern und auf Schiffen.

Lege eine Uhr oder einen Wecker, die leise ticken, auf einen Tisch. Baue dir nun ein Hörrohr aus Papier oder aus einem Trichter und einem Schlauch. Probiere aus, wie du das leise Ticken mit und ohne Hörrohr hörst.

Ohne Hörrohr:
Nur ganz leise oder gar nicht.

Mit Hörrohr:
Gut oder sogar sehr gut.

Hast du die Seite fertig bearbeitet? Dann darfst du dir hinten Sterne auf die Nummern 136 und 178 kleben.

Ob Töne hoch oder tief klingen, hängt von verschiedenen Faktoren ab.

Spanne das gleiche Gummi einmal der Breite nach (Bild 1) und einmal der Länge nach (Bild 2) um einen Karton. Wie klingen die Töne?

1 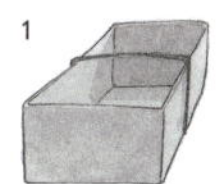

2 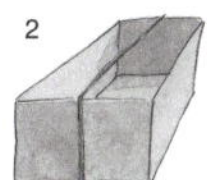

Ist das Gummi kurz (1), klingt der Ton hoch

Ist das Gummi lang (2), klingt der Ton tief

Viele Musikinstrumente haben keine Saiten (die Saiten haben wir oben durch Gummis ersetzt), sondern sie bestehen z. B. aus Rohren, in die man hineinbläst (Trompete oder Flöte). Andere Instrumente bestehen aus Kästen oder Stäben, auf die man schlägt (Trommeln oder Xylofone).
Wie dabei hohe und tiefe Töne entstehen, zeigt dir folgender Versuch:

Du brauchst 4 gleiche Glasflaschen, einen Kochlöffel und Wasser. Fülle nun die Flaschen mit unterschiedlich viel Wasser und stelle sie der Reihe nach auf.

Wie verändern sich die Töne, wenn du mit dem Kochlöffel gegen die Flaschen schlägst?

Viel Wasser, wenig Luft: tiefer Ton

Wenig Wasser, viel Luft: hoher Ton

Puste nun in die gleichen Flaschen.
Wie verändern sich die Töne jetzt?

Viel Wasser, wenig Luft: hoher Ton

Wenig Wasser, viel Luft: tiefer Ton

Hast du die Seite fertig bearbeitet? Dann darfst du dir hinten einen Stern auf die Nummer 120 kleben.

Um Töne über weite Entfernungen schicken zu können, wurden verschiedene Geräte wie das Telefon oder das Radio erfunden. Das erste derartige Gerät war der Telegraf. Samuel Morse erfand ihn um das Jahr 1837. Dazu dachte er sich auch ein Alphabet aus Punkten und Strichen aus, weil man mit dem Telegrafen nur lange und kurze Töne machen konnte.

Heute wird das Morsealphabet noch in der Schifffahrt und von Hobbyfunkern benutzt. Ein wichtiges Zeichen heißt SOS (···–––···).
Es wird gesendet, wenn jemand gerettet werden muss oder in Not ist.

Kannst du diese Botschaft entschlüsseln?

––	–––	·–·	···	·	–·		··	···	–
M	O	R	S	E	N		I	S	T

–·	··	–·–·	····	–		·–··	·	··	–·–·	····	–
N	I	C	H	T		L	E	I	C	H	T,

·–	–···	·	·–·		––	·–	–·		–·–	·–	–·	–·
A	B	E	R		M	A	N		K	A	N	N

···	–––		––·	·	····	·	··	––	·
S	O		G	E	H	E	I	M	E

–···	–––	–	···	–·–·	····	·–	··–·	–	·	–·		···	·	–·	–··	·	–·
B	O	T	S	C	H	A	F	T	E	N		S	E	N	D	E	N.

A	·–	**J**	·–––	**S**	···	**1**	·––––
B	–···	**K**	–·–	**T**	–	**2**	··–––
C	–·–·	**L**	·–··	**U**	··–	**3**	···––
D	–··	**M**	––	**V**	···–	**4**	····–
E	·	**N**	–·	**W**	·––	**5**	·····
F	··–·	**O**	–––	**X**	–··–	**6**	–····
G	––·	**P**	·––·	**Y**	–·––	**7**	––···
H	····	**Q**	––·–	**Z**	––··	**8**	–––··
I	··	**R**	·–·	**0**	–––––	**9**	––––·

Schreibe eine Geheimbotschaft auf und lasse sie von einem Freund oder einer Freundin entschlüsseln. Versucht auch, euch Botschaften zuzuklopfen.

Hast du die Seite fertig bearbeitet? Dann darfst du dir hinten einen Stern auf die Nummer 72 kleben.

Lösungen

Versuche, mit einer Taschenlampe in einem dunklen Raum so zu leuchten, wie du es auf den Bildern siehst.

Stelle dir vor, der Rahmen sind die Wände.
Zeichne einen gelben Punkt an die Stelle, an der du den Lichtpunkt siehst. Zeichne den Weg des Lichtes. Was fällt dir auf?

Das Licht scheint immer geradeaus.

Versuch

Du benötigst:
- Karton
- Taschenlampe
- Papier

Schneide in die Mitte jeder Seitenwand ein Loch.
Leuchte mit einer Taschenlampe in eine Öffnung.
Halte vor die anderen Löcher ein weißes Blatt Papier.
Vor welcher Öffnung kannst du einen Lichtpunkt auf dem weißen Papier sehen?
Probiere auch die anderen Öffnungen aus.

Bewahre den Karton für einen Versuch auf den nächsten Seiten auf.

Kreuze an, was richtig ist.

- ☐ Das Licht scheint um die Ecke.
- ☒ Der Lichtpunkt ist immer gegenüber der Lichtquelle (Taschenlampe).
- ☒ Das Licht strahlt geradeaus.
- ☐ Der Lichtstrahl kommt immer aus allen Öffnungen.

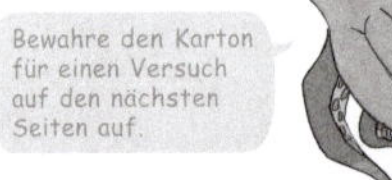

Versuch

1. Leuchte mit einer Taschenlampe von oben gerade auf den Boden. Halte ein kleines Stück Karton oder deine Hand dazwischen. Zeichne deine Beobachtung in die Skizze ein.
2. Bewege den Karton langsam auf und ab. Was beobachtest du?

Je näher der Karton an der Lichtquelle ist, umso größer wird der Schatten.
Je weiter er von der Taschenlampe weg ist, umso kleiner wird der Schatten.

Male den richtigen Schatten schwarz an.

Kreise die richtige Sonne ein.

Wir können den Mond am Himmel sehen, wenn er von der Sonne angestrahlt wird.
Bei einer Mondfinsternis steht die Erde zwischen der Sonne und dem Mond. Die Erde wird von der Sonne angestrahlt. Der Schatten der Erde trifft auf den Mond. Der Mond ist kleiner als die Erde.
Vervollständige mithilfe dieser Erklärung die Skizze zur Mondfinsternis.

Versuch

Du benötigst:
- einen kleinen Gegenstand, z. B. eine Spielfigur
- einen Spiegel
- ein Stück Karton als Trennwand

Stelle den Gegenstand hinter die Trennwand, sodass du ihn nicht siehst. Probiere aus, wie du den Spiegel aufstellen musst, damit der Gegenstand für dich wieder sichtbar wird. Wann wird das Männchen mithilfe des Spiegels sichtbar? Kreuze an.

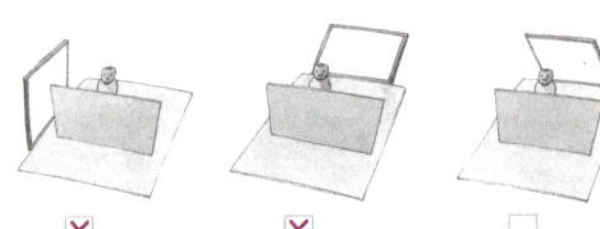

☒ ☒ ☐

Versuch

Du benötigst:
- einen Spiegel
- eine Taschenlampe
- einen dunklen Raum

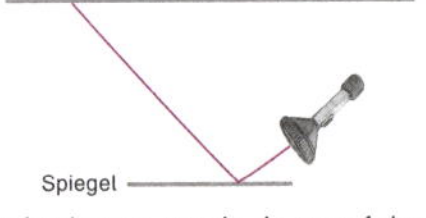

Halte den Spiegel und die Taschenlampe, so wie du es auf dem Bild siehst. Zeichne im Bild ein, wo du den Lichtpunkt an der Wand sehen kannst.

Bewege die Taschenlampe vor dem Spiegel hin und her. Was passiert mit dem Lichtpunkt an der Wand? Zeichne den Weg des Lichts in den Zeichnungen ein.

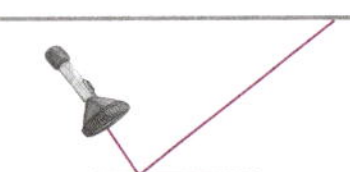

Du brauchst deinen Versuchskarton von Seite 8. Baue darin mehrere Spiegel so ein, dass das Licht aus allen drei Öffnungen gleichzeitig kommt. Wenn du nicht genügend Spiegel hast, kannst du auch Kartonstücke mit Alufolie überziehen und als Spiegel verwenden.

Versuch

Du benötigst:
- ein rundes Glas
- Wasser
- Taschenlampe
- ein weißes Blatt Papier

Leuchte mit der Taschenlampe zuerst durch das leere Glas und halte das Blatt Papier dahinter. Fülle das Glas mit Wasser. Leuchte wieder mit der Taschenlampe durch das Glas.

Wie verändert sich der Lichtpunkt?

Er wird ☐ dunkler ☒ heller ☐ größer ☒ kleiner.

Wenn das Licht durch das gefüllte Glas scheint, werden die Lichtstrahlen gebrochen, d. h. sie werden abgelenkt. Hier treffen jetzt mehr Lichtstrahlen auf einen Punkt, dadurch wird das Licht heller.

So kannst du dir das vorstellen:

Bei welchen dieser Materialien wird der Lichtpunkt heller, wenn du hindurch leuchtest? Teste wieder mit einer Taschenlampe und einem Blatt Papier.

	Licht wird heller	Licht wird nicht heller
durchsichtige Schachtel (z. B. von einem Kartenspiel), mit Wasser gefüllt		X
durchsichtige Folie		X
Wassertropfen auf einer durchsichtigen Folie	X	
Lupe	X	

Was haben alle Materialien gemeinsam, bei denen der Lichtpunkt heller wird?

Alle Materialien sind auf beiden Seiten gewölbt.

Der Kettenantrieb

Eine der wichtigsten technischen Erfindungen des Menschen, das Rad, ist schon über 6000 Jahre alt. Lange Zeit kamen Räder nur an Fahrzeugen, die von Menschen oder Tieren gezogen werden mussten, zum Einsatz. 1817 baute dann Karl Friedrich Freiherr Drais von Sauerbronn eine lenkbare „Schnelllaufmaschine“, die Draisine. Das Rad war ganz aus Holz und besaß keine Pedale.
Der erste Schritt zum Kettenantrieb gelang 1853 dem deutschen Instrumentenbauer Philipp Moritz Fischer. Er baute an das Vorderrad eines Laufrades eine Tretkurbel. 1861 vergrößerten die Franzosen Pierre und Ernest Michaux das Vorderrad und erfanden das Hochrad. Hochräder waren bis 1,5 Meter hoch.

Entdecke den Vorteil des Hochrads:

Zeichne mit dem Zirkel einen Kreis mit 2 cm Durchmesser und einen Kreis mit 4 cm Durchmesser auf. Die Kreise stellen das Vorderrad eines Hochrades und das eines normalen Rades dar. Schneide beide aus. Markiere jeden Kreis mit einem Punkt am Rand. Rolle nun den kleinen Kreis einmal von Punkt zu Punkt ab. Miss die zurückgelegte Entfernung. Wiederhole alles mit dem großen Kreis. Vergleiche die zurückgelegten Strecken.

Strecke bei 2 cm Durchmesser: ca. 6 cm

Strecke bei 4 cm Durchmesser: ca. 12,5 cm

Welchen großen Nachteil hatten Hochräder?

Man saß sehr hoch und konnte tief fallen.

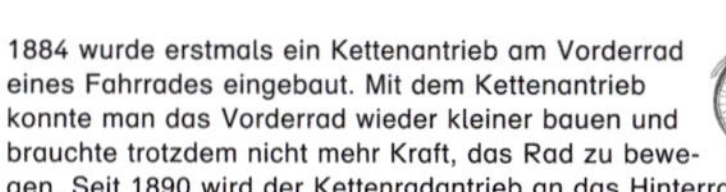

1884 wurde erstmals ein Kettenantrieb am Vorderrad eines Fahrrades eingebaut. Mit dem Kettenantrieb konnte man das Vorderrad wieder kleiner bauen und brauchte trotzdem nicht mehr Kraft, das Rad zu bewegen. Seit 1890 wird der Kettenradantrieb an das Hinterrad gebaut.

Hast du die Seite fertig bearbeitet? Dann darfst du dir hinten einen Stern auf die Nummer 111 kleben.

Damit der Kettenantrieb erfunden werden konnte, mussten vorher noch einige Entdeckungen stattfinden.

Überlege, welche und fülle die Tabelle aus:

Wann?	Was?	Wer?
Vor 6000 Jahren	Rad	–
1817	Draisine	Freiherr Drais
1853	Pedale an Vorderrad	Philipp Moritz Fischer
1861	Hochrad	Pierre u. Ernest Michaux
1884	Kettenantrieb	–

Forsche nach:

Schau dir deine Gangschaltung am Fahrrad genau an. Drehe es dazu um und stelle es auf Lenker und Sattel. Stelle den kleinsten Gang ein. Drehe die Pedale mit den Händen.

Beobachte und fülle die Tabelle aus.

	Kette läuft hinten auf kleinstem Zahnrad	Kette läuft hinten auf größtem Zahnrad	viel Kraft beim Drehen nötig	Hinterrad läuft schnell
großer Gang	x		x	x
kleiner Gang		x		

Wo findest du heute noch andere Fahrzeuge, die mit Ketten angetrieben werden?

Raupenfahrzeuge

Panzer

Hast du die Seite fertig bearbeitet? Dann darfst du dir hinten einen Stern auf die Nummer 73 kleben.

Der Flaschenzug

Um einen steilen Berg zu besteigen, kann man entweder den direkten, also kürzesten und steilsten Weg gehen oder man wählt einen langen, gewundenen, aber eher flachen Weg.

Schau dir die Zeichnung an und fülle die Lücken sinnvoll:

kurz | lang | viel | wenig

kurzer Weg, viel Kraft   langer Weg, wenig Kraft

Die Goldene Regel der Mechanik lautet: Wenn du Kraft sparen willst, musst du den Weg verlängern. Diese Regel wird auch bei einem Kran genutzt. Damit kann man mithilfe eines Flaschenzugs besonders schwere Gewichte hochheben.

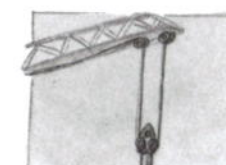

Versuch

Du benötigst:
- zwei Besenstiele
- zwei Freunde
- ein langes Seil (5 m)

Deine Freunde halten die Besenstiele parallel zueinander fest. Der Abstand der Besenstiele beträgt ungefähr 50 cm. Knote nun das Seil an einem Besenstiel fest. Wickle es dreimal um die Besenstiele. Ziehe nun an dem losen Ende. Was passiert? Wechselt euch ab. Verändert den Versuch, indem ihr das Seil nur zweimal oder auch viermal um die Besenstiele wickelt.

Wie verändert sich die Kraft, die ihr beim Ziehen am Seil aufbringen müsst,

a) wenn das Seil zweimal um die Besenstiele gewickelt ist:
Man benötigt mehr Kraft, um die Stiele zusammenzuziehen.

b) wenn das Seil viermal um die Besenstiele gewickelt ist:
Mit weniger Kraft kann man die Stiele näher zusammenbringen.

Unten siehst du einen Flaschenzug, an dem ein 1 kg schweres Gewicht hängt. Vergleiche den Flaschenzug mit deinem Versuch. Was ist gleich?

Das Seil läuft über zwei Rollen, die Last verteilt sich auf zwei Seilstücke. Die Kraft, die aufgewendet werden muss, ist nur noch ein halbes Mal so groß, der Weg des Seils wird aber zweimal länger.

Setze richtig ein: zwei | ein halbes Mal | zweimal | zwei

Hast du die Seite fertig bearbeitet? Dann darfst du dir hinten Sterne auf die Nummern 94 und 114 kleben.

Es kann richtig anstrengend sein, sich gegen den Wind zu stemmen, wenn er heftig weht. Im Wind steckt eine große Kraft.

Um diese Kraft für sich arbeiten zu lassen, bauten Menschen Windmühlen.
Damit konnten sie Korn mahlen, Wasser aus Wassergräben der Äcker pumpen und ins Meer leiten, Holz sägen, Stoffe weben oder andere Maschinen antreiben.

Überlege:

Wie trifft der Wind auf die Flügel?
In welche Richtung bewegen sie sich?
Zeichne mit Pfeilen ein.

Welche Teile der Windmühle bewegen sich?
Male sie an.

Zeichne mit Pfeilen ein, in welche Richtung sich nun Zahnräder und Mahlsteine bewegen.

Heute wird Windenergie genutzt, um sie in elektrische Energie umzuwandeln. Wie das funktioniert, kannst du auf Seite 50 nachlesen.

Moderne Windmühlen heißen Windkraftanlagen oder Windgeneratoren.

Beschrifte die Zeichnung.

Diese Wörter fehlen: Rotorblatt I Getriebe I Generator I Turm

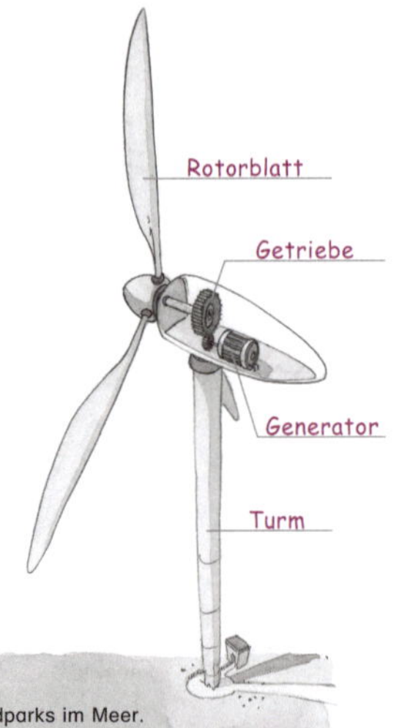

Windgeneratoren stehen auf einem über 100 Meter hohen Turm aus Stahl.
Warum?

- ☐ Die Rotorblätter glänzen so schöner in der Sonne.
- ☐ Auch große Lastwagen können so gefahrlos darunter durchfahren.
- ☐ Der Wind bläst in großen Höhen weniger stark.
- ☒ Der Wind bläst in großen Höhen kräftiger, weil er nicht durch Bäume und Gebäude gebremst wird.
- ☐ Je höher der Turm, desto kürzer ist der Weg des Stroms in die Hochspannungsleitung.

Inzwischen gibt es große Windparks im Meer. Sie heißen Offshore-Windparks. „Offshore" ist englisch und bedeutet „vor der Küste". Der Wind über dem Meer bläst kräftig und eigentlich immer. Dort fühlt sich auch niemand durch die Geräusche und Bewegungen der Rotorblätter gestört.

Aber es gibt auch einige Nachteile: schwer aufzubauen, schwer zu reparieren, Salzwasser beschädigt Gehäuse

Menschen haben die Kraft des Wassers schon sehr früh für sich arbeiten lassen. Diese Kraft des Wassers kannst du mit einem selbstgebauten Wasserrad spüren.

Du benötigst:
- Knetmasse
- ein Holzstäbchen
- eine leere Milchtüte
- eine Schere

Forme aus der Knetmasse eine Kugel. Durchbohre sie mit dem Holzstäbchen. Schneide aus der Milchtüte vier kleine Schaufeln aus. Stecke sie in gleichen Abständen in die Knetkugel.

Lege dein Wasserrad zwischen Daumen und Zeigefinger. Lass Wasser darüber laufen.

Verändere den Wasserstrahl.
Vervollständige den Satz:

Je mehr Wasser fließt, desto schneller dreht sich das Rad.

Je weniger Wasser fließt, desto langsamer dreht sich das Rad.

Verändere nun die Größe deiner Schaufeln des Wasserrads:
Schneide vier Schaufeln aus, die doppelt so groß sind.
Wiederhole deinen Versuch.

Werden die Schaufelräder größer, dreht sich das Wasserrad schneller.

Verändere die Anzahl der Schaufeln:
Nimm zwei Schaufeln aus deinem Wasserrad heraus.
Stecke 8 Schaufeln in die Kugel.

Je mehr Schaufeln desto schneller dreht sich das Wasserrad.

Je weniger Schaufeln desto langsamer/unregelmäßiger dreht sich das Wasserrad.

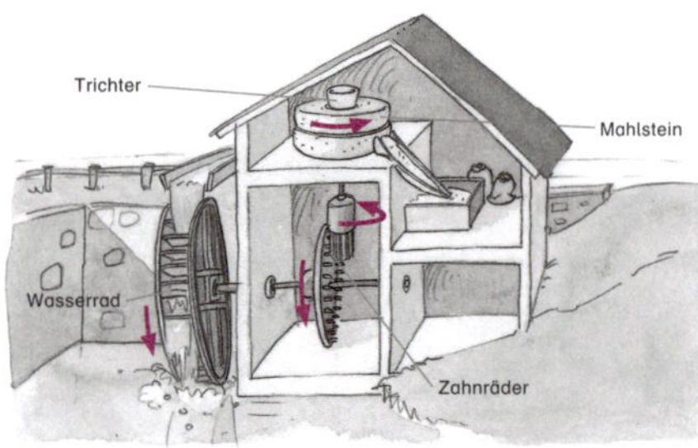

Zeichne ein, in welche Richtungen sich Wasserrad, Zahnräder und Mahlstein drehen.

Betrachte die Zeichnung genau und fülle die Lücken:

Das Wasser fließt über das Wasserrad und treibt es an.
Mit ihm drehen sich die Stange und die Zahnräder.
Darüber wird die Bewegung auf den Mahlstein übertragen.
Er zermahlt das Getreide, das in den Trichter geschüttet wird. Über ein Sieb fällt das gemahlene Mehl in den Mehlkasten.

Wasserräder konnten viele verschiedene Maschinen antreiben.
Überlege:

	möglich	nicht möglich
Balken und Bretter zersägen	X	
Stoffe weben	X	
Brot backen		X
Hammer auf und nieder bewegen	X	
Wäsche trocknen		X

Bereits die Menschen in der Steinzeit und die alten Ägypter benutzten einfache Maschinen, um schwere Gegenstände zu heben.

Erkläre, wie das funktioniert.

Das Stockende wird unter den großen Stein geschoben, der Stock liegt auf einem kleineren Stein auf. Der Mann drückt mit seiner Kraft das andere Stockende nach unten und hebt so den schweren Stein an.

Baue nach.
Benutze einen Radiergummi, ein Lineal und ein schweres Buch.

Wenn genügend Steine aus der Kiste herausgenommen wurden, bewegt sich das Ende des Balkens mit dem Mauerstein nach unten. Legt man wieder Steine in die Kiste hinein, wird der Mauerstein wieder angehoben.

Baue nach.
Benutze einen Kochlöffel, Garn, einen großen Stein, eine Streichholzschachtel, mehrere kleine Steine, einen Eierkarton.

Erfinde selbst eine Wurfmaschine.

Öffne eine Tür weit. Stelle dich auf die Seite der Tür, auf der du die Tür durch Drücken schließen kannst.

Versuch 1
Lege deinen Zeigefinger auf die Tür, ungefähr dort, wo sich auf der Zeichnung der rote Punkt befindet. Versuche die Tür zuzudrücken.

Versuch 2
Lege deinen Zeigefinger auf die Tür, ungefähr dort, wo sich auf der Zeichnung der gelbe Punkt befindet. Versuche die Tür zuzudrücken.

Versuch 3
Lege deinen Zeigefinger auf die Tür, ungefähr dort, wo sich auf der Zeichnung der grüne Punkt befindet. Versuche die Tür zuzudrücken.

Konntest du die Tür jedes Mal zudrücken?

Bei welchem Versuch ging es am schwersten, bei welchem am leichtesten?

roter Punkt: am schwersten;
grüner Punkt: am leichtesten

Wiederhole den Versuch zur Kontrolle.

Wie funktioniert das?

Das Kind, das sich allein auf einer Seite befindet, sitzt ganz am Ende des Balkens. So wirkt die Wippe wie ein Hebel.

Wie kommt man auf die andere Seite?

Baue eine Brücke aus Papier, die drei Spielzeugautos oder Figuren über eine 20 cm breite Schlucht tragen kann.

Zeichne deine Brücke auf:

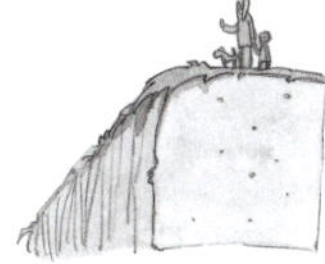

Wie viele Blatt Papier hast du gebraucht? ____________

Man kann aus einem einzigen DIN-A4-Blatt eine Brücke bauen, die drei Autos trägt.

Stimmt das? Probiere es aus.

Wie muss man das Blatt falten, damit es drei Autos tragen kann?

Wie eine Ziehharmonika (VVV). So kann sich das Gewicht der Autos am besten verteilen.

Was gehört zusammen? Verbinde Text, Namen und Bild.

Ein Balken liegt über zwei oder auch mehreren Brückenpfeilern. Die Pfeiler müssen fest im Boden verankert sein. Die Dicke des Balkens, die Anzahl der Pfeiler und der Abstand dazwischen sind entscheidend dafür, wie viel Gewicht die Brücke tragen kann. Diese Brücke ist die einfachste aller Brückenarten.

Balkenbrücke

Die Straße wird von einem oder mehreren Bögen getragen. Durch die Bögen wird die Brücke besonders stabil. Manchmal ist auch die Fahrbahn gebogen.

Bogenbrücke

Die Brücke wird an dicken Stahlseilen an den Brückenpfeilern aufgehängt. Die Brückenpfeiler müssen fest im Boden verankert sein, damit die Brücke auch bei Wind nicht umfällt. Diese Art von Brücken siehst du oft über breiten Flüssen.

Hängebrücke

Der Murmelturm

Bei den Brücken hast du gemerkt, dass Papier Einiges tragen kann, wenn du es richtig faltest. Auch ein Turm aus Papier kann sehr stabil sein. Baue einen Turm, der stabil genug ist, eine Murmelbahn zu tragen.

Wenn du noch keine Idee hast, wie du deinen Turm aus Papier bauen möchtest, fang doch mit einem Würfel an. Vielleicht hast du schon einmal ein Kantenmodell von einem Würfel gebaut.

So funktioniert es:

Nimm DIN-A4-Papier und schneide an der kürzeren Seite 3 cm breite Streifen ab. Für einen Würfel brauchst du 12 Streifen.

Falte jeden Streifen in der Mitte. Das nennt man L-Profil.

Klebe 4 Streifen zu einem Rahmen zusammen. Das wird der Boden deines Würfels. Den Deckel baust du genauso. Deckel und Boden kannst du mit den restlichen 4 Streifen verbinden. Falte diese dafür auch zu einem L-Profil.

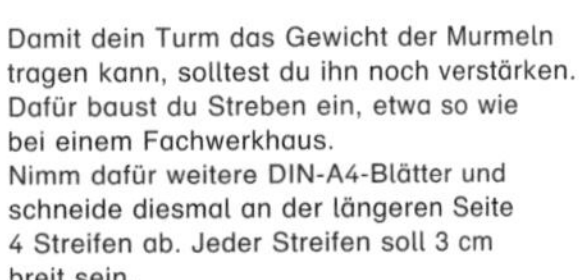

Damit dein Turm das Gewicht der Murmeln tragen kann, solltest du ihn noch verstärken. Dafür baust du Streben ein, etwa so wie bei einem Fachwerkhaus. Nimm dafür weitere DIN-A4-Blätter und schneide diesmal an der längeren Seite 4 Streifen ab. Jeder Streifen soll 3 cm breit sein.

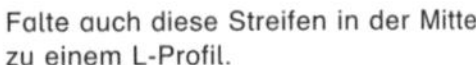

Falte auch diese Streifen in der Mitte zu einem L-Profil.

24

Schneide an der oberen Hälfte die Ecken schräg ab.

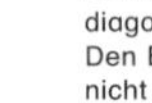

Befestige die Streifen mit etwas Klebstoff diagonal an den 4 Würfelaußenseiten. Den Boden und den Deckel brauchst du nicht zu verstärken.

Jetzt fehlen nur noch die Rollschienen für die Murmeln:

Du kannst aus Papier gerade Rollschienen falten, indem du die Ränder wie ein U hochklappst.

Du kannst aber auch Kurven in deine Murmelbahn einbauen.

Wenn du das Papier zusammendrehst, rollt deine Murmel sogar durch einen Tunnel.

Klebe die Rollschienen zusammen und befestige sie an deinem Turm. Teste deine Murmelbahn. Ist dein Turm stabil genug? Wenn nicht, kannst du noch ein paar Streben einbauen.

25

Fahrzeuge

Baue ein Fahrzeug. Welche Materialien und Gegenstände eignen sich dafür?

Dein Fahrzeug soll 4 Räder haben, die sich drehen müssen.
Dein Fahrzeug soll eine Achse haben.
Dein Fahrzeug soll nicht nur ein Fahrgestell, sondern auch einen Aufbau haben.

Überlege dir, wie du die Räder und die Achse befestigen möchtest. Es gibt zwei Möglichkeiten:

1. Die Achse ist fest, die Räder müssen sich drehen.
2. Die Räder sind fest mit der Achse verbunden und die Achse bewegt sich mit.

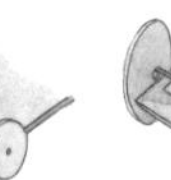

Achte darauf, dass sich die Achse genau in der Mitte des Rades befindet. Die Mitte kannst du mit einem einfachen Trick ganz leicht finden. Lege dein Rad auf ein Stück Papier und zeichne darum herum. Schneide das aufgemalte Rad aus. Falte das Papier zweimal genau in der Mitte. Dort, wo sich die Faltkanten schneiden, ist der Radmittelpunkt. Lege die Schablone auf dein Rad und schon weißt du, wo du die Achse befestigen musst.

26

Was passt zusammen?

Verbinde den Baufehler und seine Auswirkung mit dem richtigen Bild.

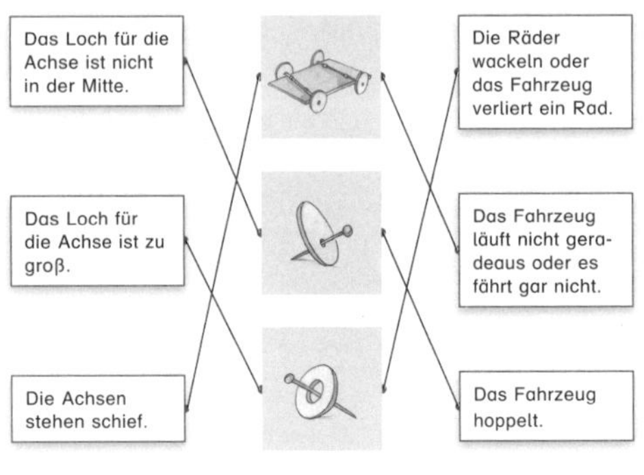

Fahrzeug TÜV

Baue eine Rampe und teste dein Fahrzeug oder Spielzeugautos:

	ja	nein
Das Fahrzeug fährt geradeaus.		
Alle 4 Räder drehen sich.		
Alle 4 Räder berühren den Boden.		

Hat dein Fahrzeug den TÜV bestanden oder musstest du auch ein „nein“ ankreuzen? Woran könnte das liegen?

____

____

Hast du die Seite fertig bearbeitet? Dann darfst du dir hinten Sterne auf die Nummern 96 und 122 kleben.

27

Antriebe

1. 
2. 
3.

Kannst du einen Antrieb an dein Fahrzeug bauen?

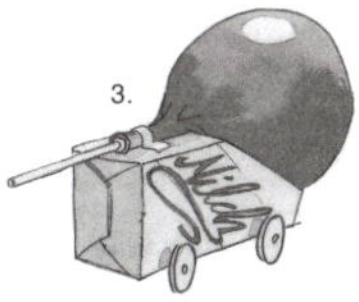

Fahrzeuge können auf unterschiedliche Weise angetrieben werden. Schau dir die Zeichnungen genau an. Entscheide dich für einen Antrieb und erkläre, wie er funktioniert.

1. Der Wind bläst in das Segel und schiebt das Auto so vorwärts.
2. Das Gummi wird wie im Bild an der Unterseite und an der Achse befestigt. Man spannt das Gummi, indem man es auf der Achse aufrollt. Sobald man loslässt, entspannt sich das Gummi wieder und bewegt die Achse in die andere Richtung.
3. Die Luft aus dem Ballon entweicht durch den Strohhalm und schiebt so das Auto nach vorn.

Hast du die Seite fertig bearbeitet? Dann darfst du dir hinten einen Stern auf die Nummer 97 kleben.

Was gehört zusammen? Verbinde Auto und Text.

Das erste Auto der Welt baute Carl Benz 1886. Es hatte 3 Räder.

Eine Stretchlimousine ist ein verlängertes Auto. Auf der langen Rückbank haben mehrere Personen Platz.

Solarautos haben Sonnenkollektoren auf dem Dach. Die Sonnenstrahlen werden in Strom umgewandelt und treiben so das Auto an.

Es gibt Autos, die mit Strom fahren können. Sie werden an Steckdosen aufgeladen und brauchen kein Benzin.

Ein Oldtimer ist ein Fahrzeug, das älter als 20, 25 oder 30 Jahre ist. Der Käfer wurde ab 1954 in Serie produziert.

Ein Raketenauto wird nicht durch einen Motor, sondern durch Turbinen angetrieben. Es fährt über 1000 km/h schnell.

Das kleinste Auto der Welt ist nur 1,34 m lang und 1 m breit.

Amphibienfahrzeuge können an Land und auf dem Wasser fahren.

Rennwagen werden nur für den Automobilsport gebaut. Am berühmtesten sind die Autorennen, die um die Weltmeisterschaft in der Formel 1 ausgetragen werden.

Hast du die Seite fertig bearbeitet? Dann darfst du dir hinten einen Stern auf die Nummer 87 kleben.

Geschichte der Fotografie

Camera obscura ist Lateinisch und bedeutet dunkler Raum.
Sie wird auch Lochkamera genannt.
Schon im Mittelalter experimentierten Forscher mit der Camera obscura.

So kannst du sie nachbauen:

Du benötigst:
- einen Schuhkarton
- eine Schere
- Butterbrotpapier
- Klebeband
- eine Nadel
- eine Taschenlampe
- ein Dreieck aus schwarzer Pappe, das vorne auf die Lampe passen muss.

1. Klebe das Dreieck aus schwarzer Pappe mit Klebeband auf das Glas der Taschenlampe.
2. Schneide an einer der beiden schmalen Seiten des Kartons ein rechteckiges Fenster aus und klebe Butterbrotpapier dahinter. Das ist die Projektionsfläche. Darauf entsteht das Abbild eines Gegenstandes. In diesem Fall ist es das Abbild des Dreiecks.
3. Stich in die gegenüberliegende Seite mit der Nadel ein Loch. Das ist deine Blende, durch die das Licht in den Karton eintritt.
4. Lege den Deckel auf den Karton und dichte ihn mit Klebeband ab. Nun hast du einen dunklen Raum. Richte die Lochseite in einem abgedunkelten Zimmer auf die eingeschaltete Lampe mit dem Dreieck.
6. Verändere den Abstand zur Taschenlampe so lange, bis auf dem Butterbrotpapier das Abbild des Dreiecks erscheint. Was fällt dir auf?

Camera obscura mit Linsen
Um die Camera obscura weiterzuentwickeln, wurden Linsen eingebaut. Dadurch wurde das Abbild heller und schärfer und konnten besser betrachtet oder abgezeichnet werden.

Erste Fotografie
Die erste Fotografie wurde von Joseph Nicéphore Niépce (1765–1833) angefertigt. Das Abbild entstand auf der mit Asphalt beschichteten Projektionsfläche.

Negativ-Positiv-Verfahren
Beim Negativ-Positiv-Verfahren wird zunächst ein Bild erzeugt, auf dem alles Helle dunkel ist und alles Dunkle hell ist (Negativ-Verfahren). Dann wird von diesem Negativ-Bild wieder ein Bild erstellt, auf dem das Dunkle wieder hell ist und das Helle wieder dunkel. So konnten Abzüge erstellt werden.

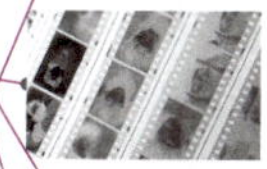

Kleinbildkameras
Die ersten Kameras waren sehr groß. Durch den Rollfilm war es möglich, sehr viel kleinere Kameras herzustellen. Die kleinen Negativ-Bilder konnten auf die gewünschte Größe vergrößert werden.

Digitalfotografie
Ein Patent für die erste Kamera ohne Film wurde angemeldet. Fünf Jahre später gab es die erste funktionierende digitale Kamera.

Verbinde die Texte mit dem passenden Bild.

Wann passierte was?
Ordne die Ereignisse auf der Zeitleiste.

Camera obscura — Camera obscura mit Linsen — Erste Fotografie — Negativ-Positiv-Verfahren — Kleinbildkameras — Digitalfotografie

1200 — 1300 — 1400 — 1500 — 1600 — 1700 — 1800 — 1826 — 1835 — 1900 — 1924 — 1970 — 2000

Hast du die Seite fertig bearbeitet? Dann darfst du dir hinten Sterne auf die Nummern 139 und 153 kleben.

Botschaften übermitteln war schon früher eine wichtige Angelegenheit. Aber erst durch die Erfindung des Telefons konnten Nachrichten schnell übermittelt werden.

1861 Der Bäckersohn Philipp Reis baute das erste Telefon. „Das Pferd frisst keinen Gurkensalat." war der erste Satz, der durch ein Telefon gesprochen wurde. Diese Erfindung wurde jedoch kaum beachtet. Vielleicht lag es auch daran, dass die Tonqualität sehr schlecht war. Außerdem konnte nur der Anrufer sprechen.

1876 Am 10. März 1876 hörte der Assistent von Alexander Graham Bell durch das Telefon seinen Chef sagen: „Mr. Watson, kommen Sie her, ich möchte Sie sehen." Die Übertragung einer „fernen Stimme" – dies ist die Übersetzung des Wortes Telefon aus dem Griechischen – war gelungen. Mithilfe dieses Telefons konnten nun zwei Menschen miteinander sprechen. Als der Amerikaner Bell sein Patent für ein verbessertes Telefon einreichte, war die Erfindung von Reis fast unbekannt.

1877 In seiner neu gegründeten „Bell Company" entwickelte Bell das Telefon weiter und produzierte viele Millionen Apparate. Aus der „Bell Company" wurde später eine der weltweit größten Telefonfirmen. Als Bell 1922 starb, waren in den USA schon über 14 Millionen Haushalte an das Telefonnetz angeschlossen.

1989 „Pocky" war sein Name – und es war das erste mobile Handtelefon, dass die Telekom 1989 auf den Markt brachte. Heute gibt es in Deutschland mehr Handys als Einwohner. Ein Smartphone kann heute auch alles, was ein Computer kann.

1 5 2 4 3

Sortiere die Telefone nach ihrem Alter. Beginne mit dem Ältesten. Nummeriere.

Was bedeutet der Begriff Patent?
Schlage nach oder recherchiere im Internet.

Auf eine Erfindung kann ein Patent verliehen werden. Der Erfinder kann damit anderen verbieten, seine Erfindung zu benutzen oder zu verkaufen.

Fülle das Rätsel aus.

1. Name von Bells Assistent — WATSON
2. Philipp ... — REIS
3. Viele melden sich so am Telefon. — HALLO
4. Er erhielt das Patent auf das Telefon. — BELL
5. Telefon bedeutet: ... Stimme — FERNE
6. Name des ersten Handys — POCKY
7. „Pferde fressen keinen ....“ — GURKENSALAT

Lösungswort: TELEFON

Früher sagte man übrigens „Ahoi" statt „Hallo", wenn man sich am Telefon meldete.

Hast du die Seite fertig bearbeitet? Dann darfst du dir hinten einen Stern auf die Nummer 107 kleben.

Fliegen wie die Vögel, Schwimmen wie Fische oder Bauen wie Insekten – immer wieder waren es natürliche Vorbilder, die Forscher auf Ideen für neue Erfindungen brachten. Die Natur hat sich eine Reihe interessanter Tricks einfallen lassen und für viele Probleme geniale Lösungen gefunden.

Hier sind einige Beispiele. Kannst du sie den Vorbildern aus der Natur zuordnen?

Verbinde jeweils das Vorbild aus der Natur mit der technischen Entwicklung.
Schreibe daneben, was die Menschen sich abgeschaut haben.

Libellen sind schnell und können sich in der Luft in alle Richtungen drehen. Sie können sogar auf der Stelle fliegen.	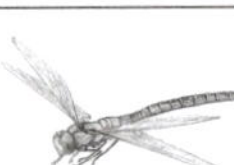
Tintenfische haben an den Unterseiten ihrer Fangarme Saugnäpfe. Damit bewegen sie sich fort und können ihre Beute festhalten.	
Haie gehören zu den besten Schwimmern. Die Haihaut besteht aus spitzen beweglichen Hautschuppen mit feinen Rillen. Durch sie kann das Wasser leichter hindurchfließen. Der Hai wird schneller.	
Die Frucht einer Klette kann sich mit ihren über 200 Widerhaken fest im Fell von Tieren oder auch in der Kleidung verhaken. Die Widerhaken sind so gebaut, dass sie sich immer wieder verhaken können.	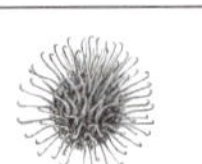

Dem Einfallsreichtum auf den Grund gehen und nach dem Vorbild der Natur neue Techniken entwickeln – das will die Bionik. Das Wort setzt sich aus den Begriffen Biologie und Technik zusammen. Bioniker beschäftigen sich mit Materialien und Konstruktionen der Natur und versuchen, diese auf technische Bereiche zu übertragen.

Findest du ein eigenes Beispiel? Recherchiere.

Bsp.: Die Füße von Wasservögeln waren Vorbild für Taucherflossen.

	Badeanzüge sind aus glattem Stoff, dessen Fasern alle in eine Richtung verlaufen. So kann man schneller schwimmen
	Hubschrauber sind wendig wie Libellen. Sie können in jede Richtung fliegen und in der Luft auf der Stelle stehen.
	Klettverschlüsse lassen sich durch Widerhaken schließen und wieder öffnen.
	Saugnäpfe können sich an glatten Flächen festsaugen. Mit einem Haken z.B. kann man etwas daran aufhängen.

Hast du die Seite fertig bearbeitet? Dann darfst du dir hinten einen Stern auf die Nummer 123 kleben.

Zeppeline – Schiffe der Lüfte

Zeppeline sehen wirklich nicht aus wie Flugzeuge, sondern eher wie Schiffe, die in der Luft schwimmen. Das liegt daran, dass sie mit einem Gas gefüllt sind, das leichter ist als Luft. So können sie wie ein Ballon in der Luft schweben. Man nennt sie deshalb auch Luftschiffe.

Zeppeline sind benannt nach ihrem Erfinder Ferdinand Graf von Zeppelin (1838–1917). **1897** begann er, an der Erfindung eines lenkbaren, von Motoren angetriebenen Luftschiffes zu arbeiten.

Der erste Zeppelin wurde in einer schwimmenden Halle auf dem Bodensee gebaut. Er war 128 Meter lang und hatte ein 12 Meter breites Gerippe aus Aluminium, das mit Stoff bespannt und mit Gas gefüllt war. Darunter hingen zwei Benzinmotoren, die je zwei Luftschrauben antrieben. Der erste Flug über den Bodensee fand am 2. Juli **1900** statt, musste aber schon nach 18 Minuten wieder abgebrochen werden, weil es technische Probleme gab. In den folgenden Jahren entwickelte Graf von Zeppelin seine Erfindung immer weiter.

1919 überflog ein englisches Luftschiff zum ersten Mal den Atlantik.
1926 wurde erstmals der Nordpol überflogen.
1929 stellte das 236 Meter lange Luftschiff „Graf Zeppelin" einen Rekord auf: Es flog in 20 Tagen, 4 Stunden und 13 Minuten mit 54 Passagieren 33.000 Kilometer um die Welt. Die Fahrgäste glitten in geringer Höhe über fremde Länder hinweg.

Der größte jemals gebaute Zeppelin der Welt hieß Hindenburg. Er war 254 Meter lang, sein Aluminiumgerüst war 41,2 Meter breit. Er flog bis zu 125 Kilometer pro Stunde. Fünfzig Passagiere konnten damit transportiert werden.
Am 6. Mai **1937** explodierte die Hindenburg beim Landeanflug auf den Haltepunkt Lakehurst in den USA. 35 Menschen kamen dabei ums Leben. Die Ursache für den Absturz konnte bis heute nicht geklärt werden.
Heute sind nur noch kleine Zeppeline im Einsatz, die meist zu Werbezwecken genutzt werden.

Ferdinand Graf von Zeppelin

Erstelle eine Zeitleiste zum Zeppelin.
Schreibe in den Kasten, was sich ereignet hat. Die fettgedruckten Jahreszahlen aus dem Text helfen dir dabei. Verbinde mit der Zeitleiste.

1900: Der erste Flug mit einem Zeppelin dauerte 18 Minuten.

1919: Ein englischer Zeppelin flog das erste Mal über den Atlantik.

1929: Ein Zeppelin flog zum ersten Mal um die Welt.

Zeitleiste: 1880 – 1940

1897: Graf von Zeppelin begann, an der Entwicklung eines Luftschiffes zu arbeiten.

1926: Ein Zeppelin flog das erste Mal über den Nordpol.

1937: Die Hindenburg explodierte während des Landeanflugs in den USA.

Der Magnet – ein anziehender Stein

Sicher hast du schon einmal einen Magneten benutzt: in der Schule, um an der Tafel etwas anzuheften; beim Schließen und Öffnen von Schranktüren; bei verschiedenen Spielsachen. Mache dich zu Hause auf die Suche nach Magneten.
Schon vor langer Zeit haben Menschen Steine in der Erde gefunden, die bestimmte andere Gegenstände anziehen können. Diese Steine wurden Magnete genannt. Die unsichtbare Kraft, die die Magnete umgibt, nennt man Magnetismus.

Für die folgenden Versuche benötigst du einen oder zwei Magnete. Halte einen Magneten an die Gegenstände in der Tabelle.
Was vermutest du? Was passiert?

Gegenstand	Vermutung		Versuch	
	wird angezogen	wird nicht angezogen	wird angezogen	wird nicht angezogen
Schlüssel			X	
Stein				X
Glas				X
Papier				X
Plastik				X
Korken				X
Stoff				X
Büroklammer			X	
Alufolie				X
Schraube			X	

Was hast du herausgefunden? Aus welchem Material sind die Gegenstände, die von einem Magneten angezogen werden?
Eisen

Mit zwei Magneten kannst du testen, wie stark sie sind. Klemme zuerst ein Blatt Papier zwischen die Magnete. Nimm dann immer mehr Blätter.

Bei wie vielen Blättern Papier können sich die Magnete noch anziehen und fallen nicht herunter?

Wenn du im folgenden Text die Lücken füllst, erfährst du noch mehr über Magnete und ihre Kraft, den Magnetismus.

Diese Wörter helfen dir: Hufeisenmagnete | ziehen sie sich an | Dauermagnete | Scheibenmagnete | stoßen sie sich ab | Stabmagnete.

Es gibt Scheibenmagnete, Stabmagnete und Hufeisenmagnete. Da sie ihre Kraft nie verlieren, nennt man sie auch Dauermagnete. Jeder Magnet besteht aus einem Südpol und einem Nordpol. Gleichnamige Pole stoßen sich ab, unterschiedlich ausgerichtete Pole ziehen sich an. Wenn man einen Südpol an einen Südpol hält, dann stoßen sie sich ab.
Wenn man einen Südpol an einen Nordpol hält, dann ziehen sie sich an.

So kannst du dir vorstellen, wie es in magnetischen und nicht-magnetischen Eisenstäben aussieht. **Verbinde.**

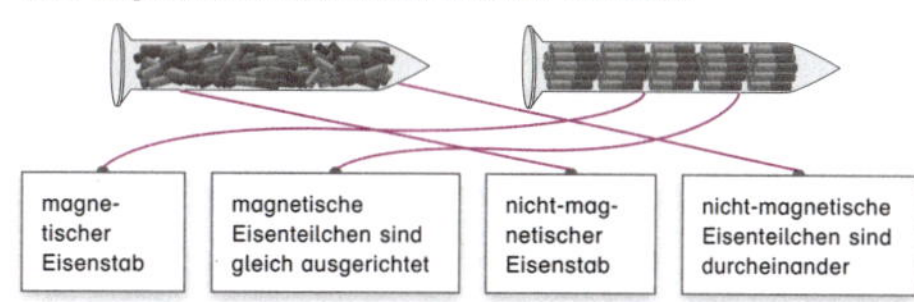

Versuche, deine Magnete so zu halten, dass sie sich anziehen bzw. abstoßen.

Lösungen

Der Kompass – ein wegweisendes Gerät

Wir wissen heute, dass die Erde ein großer Magnet ist. Sie hat einen Südpol und einen Nordpol. Ohne das zu wissen, erfanden Menschen in China bereits vor ungefähr 2000 Jahren ein Gerät, das die Himmelsrichtungen anzeigen konnte. Sie banden ein Stück Magnetstein an eine Schnur. Der Magnet zeigte dann nach Norden und Süden. Das kann man heute noch genau so machen.

Vor ungefähr 800 Jahren kam der Kompass nach Europa. Im Laufe der Zeit wurde er immer weiter verbessert und so immer genauer und zuverlässiger. Die Kompassnadel ist ein frei beweglicher kleiner Magnet. Die markierte Seite zeigt immer nach Norden, egal wie man den Kompass dreht.

Die Windrose hilft, Himmelsrichtungen ganz genau anzugeben. Wenn man weiß, wo Norden ist, kann man jede Richtung bestimmen.

Findest du die Namen aller Haupt- und Nebenhimmelsrichtungen heraus?

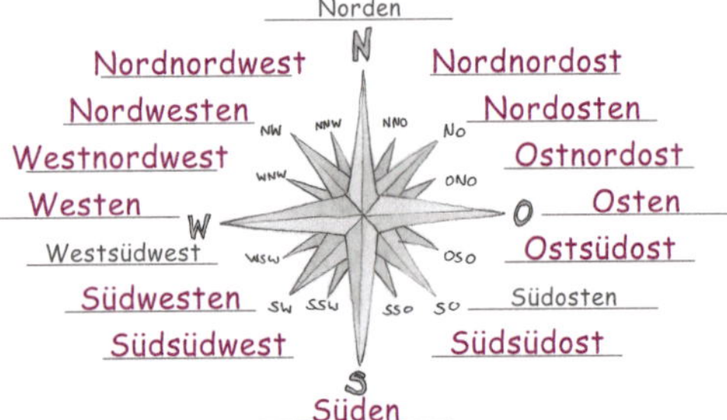

Jetzt weißt du schon Einiges über den Kompass und die Himmelsrichtungen.

Kreuze an, ob die Aussagen richtig oder falsch sind.

	richtig	falsch
Die markierte Seite der Kompassnadel zeigt immer nach Westen.		X
Der erste Kompass wurde in China erfunden.	X	
Die Erde ist ein großer Magnet mit Süd- und Nordpol.	X	
Wenn ich genau nach Norden schaue, ist links von mir Osten.		X
Der erste Kompass war eine Glaskugel mit einem Magneten darin.		X
Der Kompass wurde erst vor 800 Jahren erfunden.		X
Wenn ich genau nach Osten schaue, ist rechts von mir Süden.	X	
Die Nadel in einem Kompass darf nirgends anstoßen oder hängen bleiben.	X	
Der erste Kompass war ein Magnetstein an einer Schnur.	X	
Wenn ich nach Süden schaue, ist rechts von mir Osten.		X
Die sternförmige Anordnung der Himmelsrichtungen wird Windhose genannt.		X
Wenn ich einen Magneten auf einem Stück Styropor im Wasser schwimmen lasse, richtet er sich nach Norden und Süden aus.	X	
Wenn ich nach Nordwesten schaue, ist hinter mir Südosten.	X	

Was ist Elektrizität?

Versuch

Du benötigst:
- drei Klarsichtfolien
- einen Pullover oder einen Schal aus Wolle

1. Reibe mit der Klarsichtfolie mindestens 10-mal auf deinen Haaren hin und her. Bringe diese Folie danach wieder in die Nähe deiner Haare. Schaue dich dabei im Spiegel an. Was beobachtest du?

   Die Haare werden von der Folie angezogen.

2. Reibe mehrmals mit dem Pullover oder dem Schal über diese Folie. Probiere: Was wird von der Folie angezogen?

   z.B. Staub, Pfeffer, Papierstückchen, ...

3. Reibe nun nacheinander mit dem Pullover oder dem Schal über die anderen beiden Klarsichtfolien. Halte sie danach dicht nebeneinander. Was beobachtest du jetzt?

   Die Folien stoßen sich ab.

Der Zauberstern

Du brauchst die Materialien, die du auf dem Bild siehst.
Falte das Papier so, dass du die gestrichelten Linien als Faltlinien bekommst. Schneide aus dem Papier einen Stern aus und drücke ihn so zurecht, wie du es auf dem zweiten Bild siehst. Stecke den Zahnstocher in den Korken und setze den Stern darauf.

Was musst du mit dem Lineal machen, damit du den Stern drehen kannst, ohne ihn mit dem Lineal zu berühren? Denke an die Versuche oben.

Was ist bei den Versuchen passiert?

Jeder Gegenstand besteht aus verschiedenen winzig kleinen Teilchen. Einen Teil davon nennt man Elektronen. Reibst du mit der Folie über deine Haare, dann springen Elektronen von den Haaren auf die Folie. Diese hat jetzt mehr Elektronen als zuvor. Man sagt, sie ist negativ geladen. Die Haare haben nun weniger Elektronen. Die Folie möchte die Elektronen wieder abgeben und die Haare möchten ihre Elektronen zurückhaben. Wenn du jetzt mit der Folie in die Nähe deiner Haare kommst, dann werden diese angezogen und nehmen die Elektronen auf.
Kommen zwei Gegenstände mit zu vielen Elektronen zusammen, dann stoßen sie sich ab. Das konntest du bei den beiden Klarsichtfolien beobachten.
Manchmal springen diese Elektronen von einem Gegenstand zum anderen durch die Luft. Sind es sehr viele Elektronen, die überspringen, kannst du es knistern hören oder sogar Lichtblitze sehen. Immer wenn Elektronen sich bewegen, entsteht Elektrizität. Man sagt, dass Strom fließt.
In einer Batterie gibt es einen Anschluss (Minuspol), an dem zu viele Elektronen sind und einen Anschluss (Pluspol), an dem zu wenige Elektronen sind. Innerhalb der Batterie verhindert eine Trennwand, dass die Elektronen von einem Anschluss zum anderen wandern. Verbindest du die beiden Anschlüsse mit einem Kabel, dann bewegen sich die Elektronen durch das Kabel vom Minuspol zum Pluspol. Jetzt fließt Strom.

Unterstreiche im Text:
Was passiert, wenn du mit einer Folie über deine Haare reibst?
Wann entsteht Elektrizität?

Richtig oder falsch?

	richtig	falsch
In jedem Gegenstand befinden sich Elektronen.	X	
Strom fließt, wenn Elektronen sich nicht bewegen.		X
Elektronen können durch die Luft springen.	X	
In einer Batterie wandern Elektronen hin und her.		X
Wenn Elektronen vom Minuspol zum Pluspol wandern, fließt Strom.	X	

Fülle die Lücken.
Die Wörter darunter helfen dir.

Wenn du das Lämpchen mit Kabeln mit dem Pluspol und dem Minuspol einer Batterie verbindest, fließt Strom und die Glühlampe leuchtet. Der Strom fließt immer im Kreis.

(Pluspol | leuchtet | Minuspol | Strom | Kreis)

Zeichne den Weg des Stroms in der Zeichnung ein.

Welches Lämpchen leuchtet? Färbe es gelb.

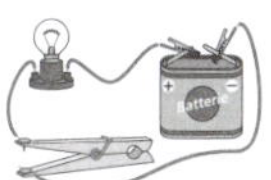  

Wie kannst du diese Materialien so zusammenbauen, dass das Lämpchen leuchtet? Zeichne deinen Stromkreis auf.

Du kannst auch mehrere Lämpchen in einen Stromkreis einbauen.

Reihenschaltung

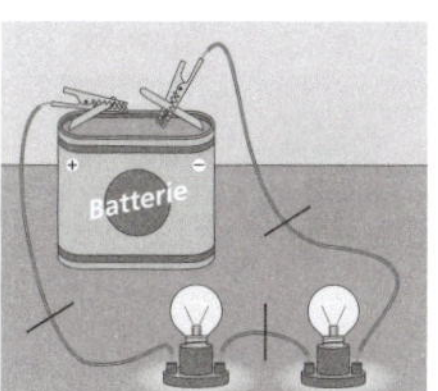

Parallelschaltung

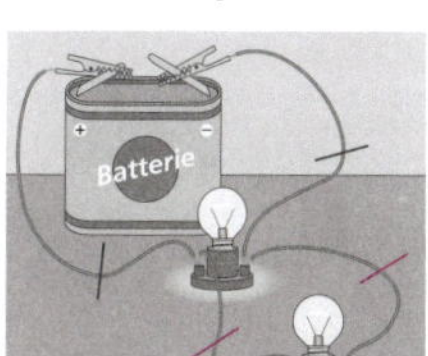

Stell dir vor, beide Lämpchen leuchten. Was passiert, wenn man ein Lämpchen aus der Fassung dreht …

… bei der Reihenschaltung?

Beide Lämpchen gehen aus.

… bei der Parallelschaltung?

Ein Lämpchen geht aus, das andere leuchtet weiter.

Begründe deine Meinung:

Bei der Reihenschaltung wird der Stromkreis unterbrochen, bei der Parallelschaltung bleibt er geschlossen.

Schau dir die Stromkreise oben an.
Wo musst du das Kabel durchschneiden, damit nur ein Lämpchen weiterleuchtet?
Markiere in der Zeichnung mit lila.

Wo musst du das Kabel durchschneiden, damit kein Lämpchen mehr leuchtet?
Markiere schwarz.

Strom wird überall genutzt. Schreibe auf, für welche Geräte der Strom in diesem Zimmer verwendet wird.

Lampen, Computer, Elektroauto, Fernseher, Spielkonsole, MP3-Player

Wofür benötigst du in deinem Zimmer Strom?

z.B. Radio, Lampe, …

Strom hat verschiedene Wirkungen.
Was erzeugt er bei diesen Geräten hauptsächlich?

Hitze | Kälte

Licht | Bewegung | Magnetismus

Eine Glühlampe wird mit dem **Schraubsockel** in eine Lampenfassung gedreht. Das **Kontaktblättchen** berührt den Boden der Fassung. Der **Glaskolben** schützt einen sehr dünnen, spiralförmig gedrehten **Glühdraht**. Von beiden Enden des Glühdrahtes gehen **Verbindungsdrähte** ab. Einer verläuft bis zum Kontaktblättchen, ein anderer endet im oberen Teil des Schraubsockels. Die **Isolierung** trennt den Schraubsockel vom Kontaktblättchen.

Beschrifte die Glühlampe mit den markierten Wörtern.

Wenn Strom fließt, wird der Glühdraht stark erhitzt und beginnt zu glühen. Das Glühen siehst du als Licht.

Welche zwei Wirkungen erzeugt der Strom bei einer Glühlampe?

Wärme und Licht

Der Kurzschluss

Es ist für den Strom leichter, durch ein normales Kabel zu fließen als durch den Glühfaden einer Glühlampe. Dieser Glühfaden leistet dem Strom Widerstand.

Trage in die Zeichnung ein, wo der Widerstand groß und wo er gering ist.

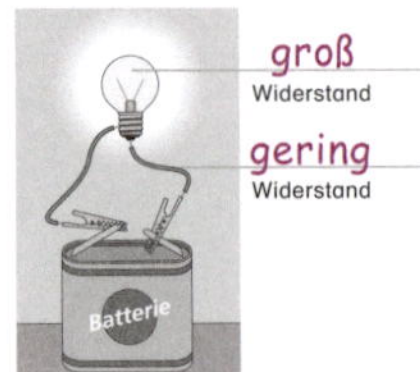

Wenn der Strom so fließt, dass auf seinem Weg zwischen den zwei Polen der Batterie kein Widerstand ist, dann kann es zum Kurzschluss kommen. Dabei kann große Hitze entstehen und es können sogar Funken sprühen.

Der Strom sucht sich, wenn es möglich ist, immer den Weg des geringsten Widerstands. Zeichne den Weg des Stroms ein und kreuze an, wo es zum Kurzschluss kommt.

X

☐

X

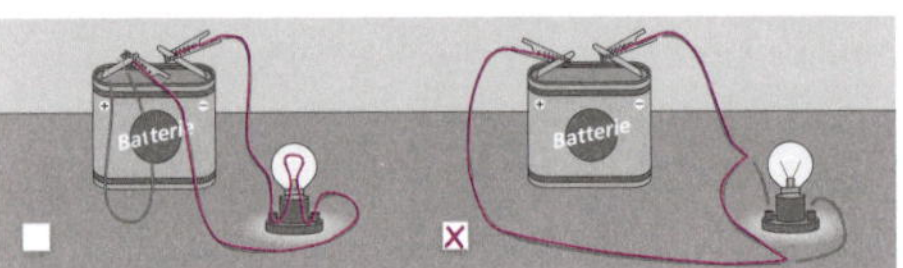

☐ X

Hast du die Seite fertig bearbeitet? Dann darfst du dir hinten einen Stern auf die Nummer 100 kleben.

Welche Materialien leiten den Strom gut?

Wenn du dir das Innere eines Stromkabels ansiehst, dann entdeckst du, dass sich darin meist ein Draht aus Kupfer befindet, der von Kunststoff umgeben ist. Strom kann nicht durch alle Materialien gleich gut fließen. Durch Metall, z. B. Kupfer oder Eisen aber auch durch Salzwasser fließt der Strom gut. Du brauchst als Stromquelle nur eine Batterie und durch das Kabel fließt Strom. Andere Materialien, z. B. Leitungswasser, leiten den Strom nicht so gut. Der Strom fließt erst hindurch, wenn er besonders stark ist, z. B. wenn er aus der Steckdose kommt. Es gibt Stoffe, z. B. Gummi oder Porzellan, die den Strom sehr schlecht leiten. Dadurch fließt er erst, wenn er viel stärker ist als der Strom aus der Steckdose. Diese Stoffe nennt man Isolatoren.
Weil in deinem Körper auch Wasser ist, leitet er den Strom. Wenn du einen Stromschlag bekommst, wenn also durch deinen Körper starker Strom fließt, kann es sein, dass dein Herz aufhört zu schlagen.

Kreuze an, welche Materialien gute Leiter sind:

- [x] Kupfer
- [ ] Gummi
- [x] Aluminium
- [x] Gold
- [x] Salzwasser
- [ ] Leitungswasser

Warum besteht ein Stromkabel in der Mitte aus Kupfer und außen herum aus Kunststoff?

Durch das Kupfer kann der Strom gut fließen. Kunststoff ist ein Isolator, der verhindert, dass man einen Stromschlag bekommt.

Warum ist es gefährlich, während eines Gewitters im Freien zu sein?

Man kann vom Blitz getroffen werden. Dabei wird der Strom durch den Körper geleitet. Es besteht Lebensgefahr!

Hast du die Seite fertig bearbeitet? Dann darfst du dir hinten Sterne auf die Nummer 121 und 134 kleben.

Stromerzeugung

Der Dynamo sorgt dafür, dass das Lämpchen an einem Fahrrad leuchtet. Im Dynamo befinden sich ein Magnet und eine Kupferdrahtspule. Wenn der Magnet sich dreht, wird in dem Kupferdraht Strom erzeugt.

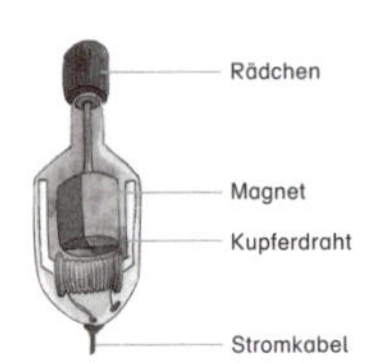

Auch bei diesen Kraftwerken wird ein Magnet gedreht.
Was wird hier verwendet, damit der Magnet angetrieben wird?
Schreibe es auf den Pfeil.

Windkraftwerk

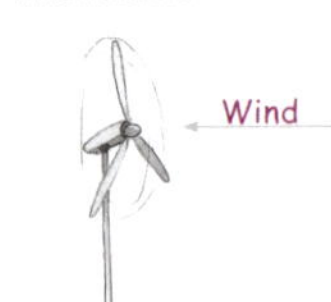

Wärmekraftwerk

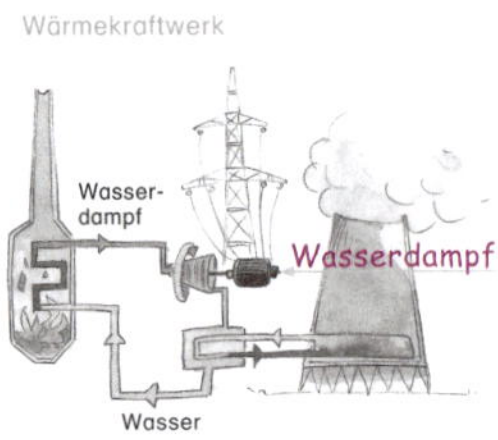

Was trifft auf ein Wärmekraftwerk zu?
Informiere dich und kreuze an.

Wasser wird über einem Feuer erhitzt, damit es zu Wasserdampf wird.	X
Durch den Rauch des Feuers wird der Magnet gedreht.	
Als Brennstoff kann auch Müll verwendet werden.	X
Es wird ständig neues Wasser gebraucht.	
Es gibt Wärmekraftwerke, in denen Gas oder Kohle verbrannt wird.	X

Hast du die Seite fertig bearbeitet? Dann darfst du dir hinten einen Stern auf die Nummer 128 kleben.

Das Wasserkraftwerk

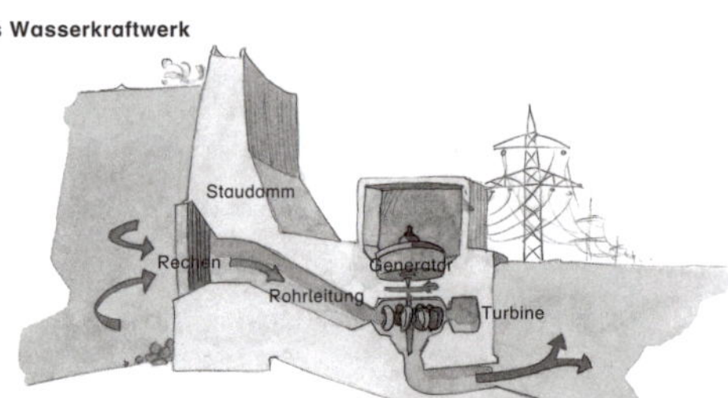

Setze die passenden Begriffe ein. Das Bild hilft dir dabei.

Ein Fluss wird mit einem Staudamm zu einem künstlichen See gestaut. Das Wasser fließt durch einen Rechen. Dieser siebt Unrat, z. B. Treibholz heraus. Durch eine Rohrleitung gelangt das Wasser zur Turbine. Durch den Wasserdruck fließt es dabei sehr schnell. Das Wasser treibt die Turbine an. Dadurch dreht sich ein Magnet im Generator. So wird Strom erzeugt. Über das Stromnetz gelangt er durch Stromleitungen zu den Verbrauchern.

Wasser und Wind gehören zu den erneuerbaren Energiequellen.
Versuche, den Begriff „Energiequelle“ zu erklären.

Mit den Energiequellen kann in einem Kraftwerk Strom erzeugt werden.

Kennst du noch eine andere erneuerbare Energiequelle?

Sonne, Biogas

Hast du die Seite fertig bearbeitet? Dann darfst du dir hinten einen Stern auf die Nummer 159 kleben.

Unser Trinkwasser stammt zu einem großen Teil aus dem Grundwasser. Grundwasser besteht aus Regenwasser, das in der Erde versickert ist und sich in Brunnen oder Quellen gesammelt hat. Von dort wird es von Tiefpumpen im Brunnenschacht in das Wasserwerk gepumpt. Wenn es verunreinigt oder mit Schadstoffen durchsetzt ist, muss es hier gereinigt werden. In einem Hochbehälter wird das Trinkwasser gespeichert, bevor es durch ein Netz von Rohren zu uns in den Wasserhahn kommt.

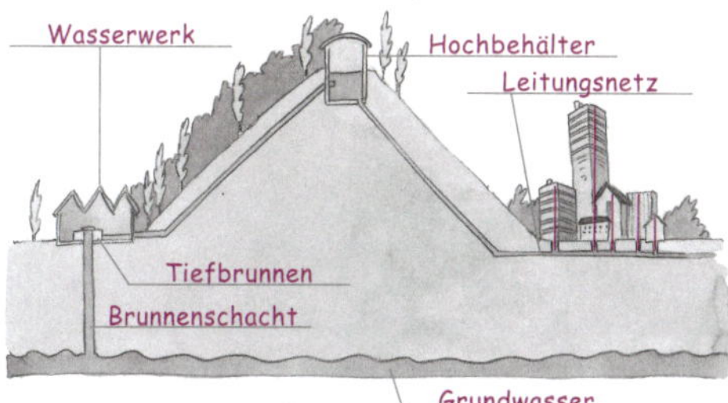

Beschrifte die Stationen.

Die Lösungswörter helfen dir: Grundwasser | Wasserwerk | Hochbehälter | Tiefbrunnen | Leitungsnetz | Brunnenschacht

Zeichne ein, wie weit das Wasser in den Häusern hochsteigen kann.

Warum fließt das Wasser ohne Pumpe in die Häuser?

Mache folgenden Versuch:
Nimm einen durchsichtigen Schlauch oder verbinde zwei Knickstrohhalme zu einem U.

Dazu schneidest du jeweils an einem Ende die Halme zweimal über Kreuz ein. So kannst du sie leicht ineinander stecken. Klebe die Verbindungsstelle mit Klebestreifen fest. Presse eine Orange aus, bohre mit dem Korkenzieher ein Loch in die Mitte jeder Hälfte. Verbinde die Orangenhälften mit dem Schlauch oder den Strohhalmen.

Markiere den Wasserstand in der gegenüberliegenden Schale.
Fülle Wasser auf der linken Seite ein.

Was passiert? Wasser läuft in die andere Schale

Fülle die linke Schale randvoll.
Wie hoch steht das Wasser in der anderen Schale?

Hebe die linke Schale höher als die rechte.

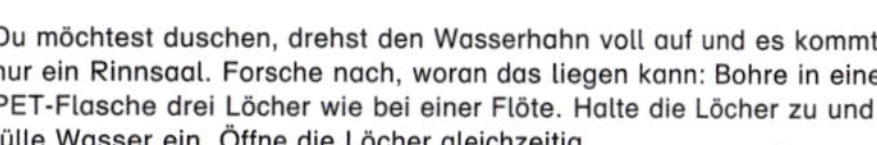

Du möchtest duschen, drehst den Wasserhahn voll auf und es kommt nur ein Rinnsaal. Forsche nach, woran das liegen kann: Bohre in eine PET-Flasche drei Löcher wie bei einer Flöte. Halte die Löcher zu und fülle Wasser ein. Öffne die Löcher gleichzeitig.

Beobachte und kreuze richtige Sätze an:

- ☐ Aus dem obersten Loch kommt kein Wasser.
- ☒ Aus allen drei Löchern spritzt Wasser, aus dem untersten spritzt es am längsten und weitesten.
- ☒ Das Wasser will aus der Flasche heraus und drückt auf die Wände.
- ☐ Auf das mittlere Loch drückt mehr Wasser, deshalb spritzt es weiter.
- ☒ Auf das untere Loch drückt das meiste Wasser, deshalb spritzt es am weitesten.

Finde den Weg des Wassers zum Wasserhahn:

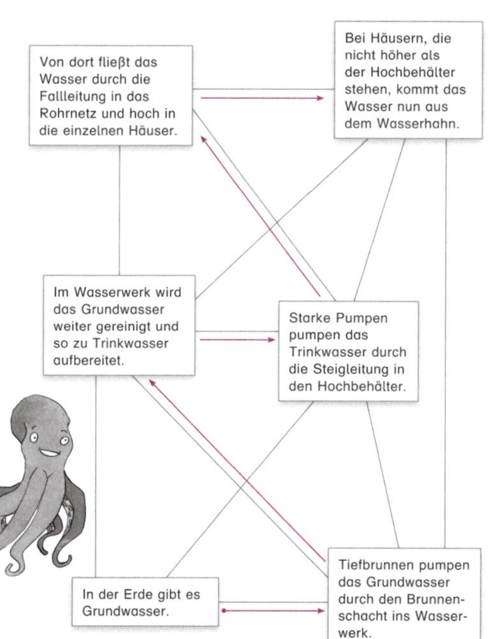

Werde Wasserexperte.

Kreuze richtig an und finde das Lösungswort:

	ja	nein
Jeder Mensch besteht zu $^3/_4$ aus Wasser.	(W)	M
Wir sollten täglich 2–3 l trinken.	(a)	b
Wir können 2 Monate ohne Essen und Getränke überleben.	e	(s)
Auf unserer Erde gibt es mehr Land als Wasser	e	(s)
Auf der Erde gibt es mehr Meerwasser als Süßwasser.	(e)	t
Wasser steht in verbunden Röhren immer gleich hoch.	(r)	k
Grundwasser ist gut geschützt.	(e)	u
Im Wasserschutzgebiet darf der Bauer seine Felder düngen.	y	(x)
Das Wasser steigt alleine in den Hochbehälter hoch.	q	(p)
Grundwasser muss aus der Erde gepumpt werden.	(e)	o
Häuser, die höher liegen als der Hochbehälter, brauchen eine Pumpe, um das Wasser hoch zu befördern.	(r)	s
Beim Duschen verbrauche ich weniger Wasser als beim Baden.	(t)	m
Um Wasser zu sparen, lasse ich beim Zähneputzen das Wasser laufen.	i	(e)
Das meiste Wasser verbraucht der Mensch zum Trinken.	m	(n)

Lösungswort: Wasserexperten

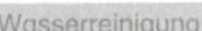

Versuch 1

Stelle Schmutzwasser her. Mische dazu Erde, Sand und kleine Rindenstückchen in einem großen Glas Wasser.

Lass dieses Wasser einen Tag stehen.

Vermute: Schmutz sinkt auf den Boden.

Beobachte: „Schwerer" Schmutz sinkt, leichte Teile schwimmen oben, die Mitte ist klar.

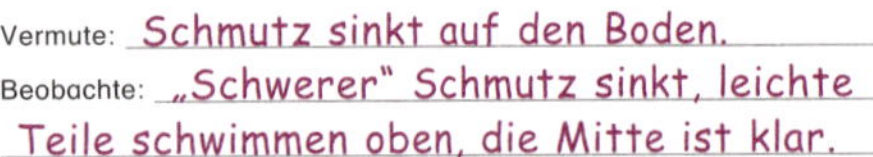

Versuch 2

Rühre dein Schmutzwasser um.
Versuche es nun schneller zu reinigen.
Bereite vor: 4 weitere Gläser, ein Sieb, 3 Joghurtbecher (stich mit einer Nadel viele kleine Löcher in den Boden). Fülle einen Becher mit sauberem Sand, einen mit sauberem Kies und einen mit einem Kaffeefilter.

Schütte ein Teil des Schmutzwassers durch das Sieb. Halte das Sieb über ein Glas. Wiederhole alles mit den Joghurtbechern und den übrigen Gläsern.

Beschreibe, wie das Wasser hinterher aussieht:

Sieb	schmutzig
Becher mit Sand	weniger schmutzig
Becher mit Kies	weniger schmutzig
Becher mit Filter	fast sauber

Richtig sauber wird Wasser nur in der Kläranlage

Im Rechen werden große Schmutzteile herausgesiebt. Sie werden gesammelt und zur Müllverbrennung gebracht. Nun kommt das Schmutzwasser in den Sandfang. Hier sinken schwere Schmutzteilchen auf den Boden und werden abgesaugt oder weggeschoben. Noch ist das Wasser dreckig und trüb. Im Vorklärbecken kann sich nun weiterer Schlamm und Schmutz am Boden absetzen und leichte Stoffe wie Fett und Öl werden an der Wasseroberfläche abgeschöpft. Die mechanische Reinigung ist beendet. Nun beginnt die biologische Reinigung. Im Belebungsbecken sind Bakterien. Damit diese überleben können, wird ständig Luft ins Wasser gesprudelt. Die Bakterien fressen den Schmutz aus dem Wasser. Braune Schlammflocken entstehen. Im Faulturm wird aus dem Schlamm vom Vor- und Nachklärbecken durch Faulbakterien Gas. Das Gas wird zur Stromerzeugung genützt. Der Schlamm, der noch übrig bleibt, stinkt nicht mehr und wird zum Düngen der Felder verwandt. Im Nachklärbecken sinken die braunen Schlammflecken nach unten und bilden eine Schicht. Fast klares Wasser schwimmt nun oben. Bevor das klare Wasser in einen Fluss fließt, wird es nochmals gefiltert.

Beschrifte die Zeichnung. Unterstreiche die Stationen der mechanischen Reinigung schwarz, die der biologischen lila.

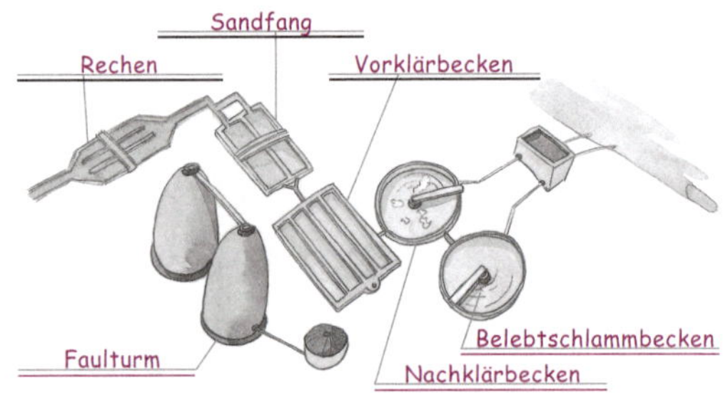

Mülltrennung

Welches Schild gehört zu welchem Sammelbehälter?

Glas
- Einwegflaschen, Scherben, beschädigte Glasbehälter

Papier und Pappe
- z. B. Bücher, Zeitungen, Kartonagen, Zettel

Bioabfälle
- Essensreste
- Obst- und Gemüseabfälle
- Filtertüten mit Kaffeesatz oder Tee
- Gartenabfälle

Mehrwegverpackungen
- Verpackungen, die zurückgegeben werden, damit sie erneut benutzt werden können, z. B. Mehrwegflaschen

Restmüll
- nicht mehr verwertbare Abfälle, z. B. Staubsaugerbeutel, Porzellan, Windeln

Einkaufszettel
- Milch
- Wurst
- Käse
- Apfelsaft
- Halsbonbons
- Eier
- Birnen
- Brot

Überlege, wie die Artikel auf dem Einkaufszettel verpackt sein können.
Für welche Waren gibt es Mehrwegverpackungen?

Milch

Apfelsaft

Trenne den Müll richtig. Was gehört in welchen Sammelbehälter?

Glas	Papier/Pappe	Verpackungen
Flasche	Zeitung	Safttüte
Glasscherben	Eierkarton	Konservendose
	Heft	Süßigkeitentüte
		Aluschale
		Joghurtbecher

Bioabfall	Restmüll
Kartoffel-schalen	Tasse
Feder	Blumentopf
Eierschalen	Kerze

Überlege: Was wirfst du jeden Tag weg und in welchen Sammelbehälter wirfst du es?

Ordne den Text zum Glas-Recycling.

3 Fremdstoffe werden aussortiert.

1 Das Altglas wird in Sammelcontainern vorsortiert nach Weißglas, Braunglas und Buntglas.

2 Das vorsortierte Glas wird zur Aufbereitungsanlage gebracht.

4 Das Glas wird zerkleinert.

8 Neue Gläser und Flaschen werden geformt.

7 Die Scherben werden geschmolzen.

5 Mit einem Magneten werden Flaschenverschlüsse und andere Blechteile abgetrennt. Papier, z. B. von den Etiketten, wird mit dem Papiersauger abgetrennt.

6 Die Scherben werden gesiebt. Die letzten Fremdstoffe oder falsche Glasfarben werden aussortiert.

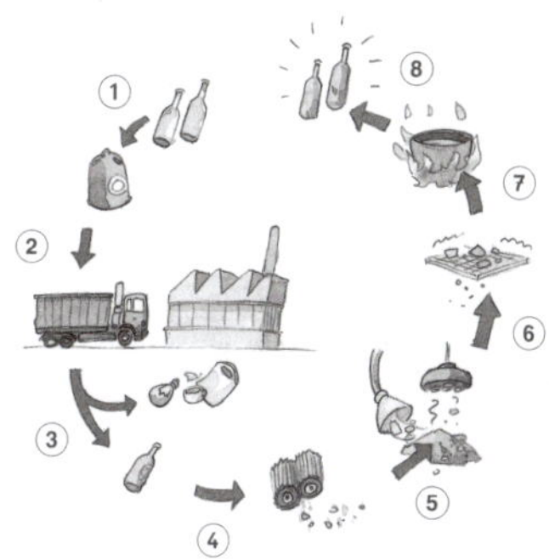

Hast du die Seite fertig bearbeitet? Dann darfst du dir hinten einen Stern auf die Nummer 101 kleben.

Was wird aus den Wertstoffen hergestellt? Trage ein.

Aus Altpapier werden:	Aus Altglas werden:	Aus Verpackungen werden:
Toilettenpapier	Glasflaschen	Getränkekasten
Schreibhefte	Gläser	Gießkannen
Pappkartons		Fensterrahmen
Taschentücher	Aus Bioabfall wird:	Blumenkästen
Zeitungen	Komposterde	Plastiktüte

Hast du die Seite fertig bearbeitet? Dann darfst du dir hinten einen Stern auf die Nummer 163 kleben.

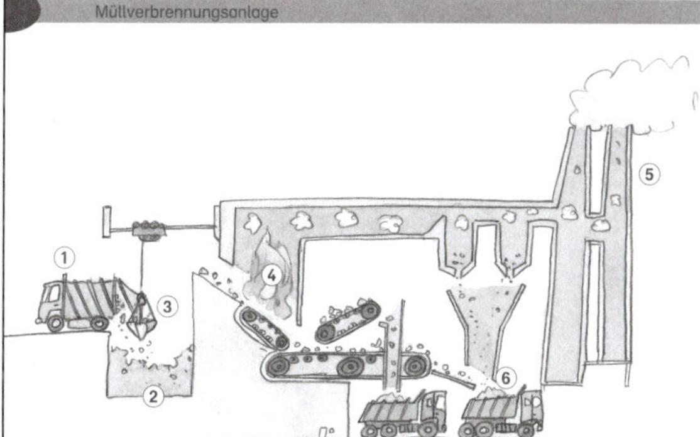

Der Restmüll wird vom **Müllauto** zur Müllverbrennungsanlage gebracht. Er wird dort in einen **Bunker** gekippt. Mithilfe des **Greifkrans** wird der Müll in die **Feuerungsanlage** befördert und dort verbrannt. Bei der Verbrennung entstehen giftige Rauchgase. Mit Filteranlagen wird der Rauch ungiftig gemacht, bevor er durch die **Schornsteine** nach draußen gelangt. Der Rest des verbrannten Mülls heißt **Schlacke**. Die Schlacke wird in einer Deponie gelagert.

Ordne die dick gedruckten Begriffe den Zahlen zu.

1 Müllauto 2 Bunker
3 Greifkran 4 Feuerungsanlage
5 Schornsteine 6 Schlacke

Hast du die Seite fertig bearbeitet? Dann darfst du dir hinten einen Stern auf die Nummer 177 kleben.

Der Boden einer Mülldeponie wird mit einer Lehmschicht und einer Kunststofffolie abgedichtet. In der Deponie befinden sich Sickerrohre. Sie leiten Wasser aus der Deponie zur Kläranlage. Wenn die Deponie voll ist, wird sie auch oben abgedichtet, mit Erde bedeckt und bepflanzt.

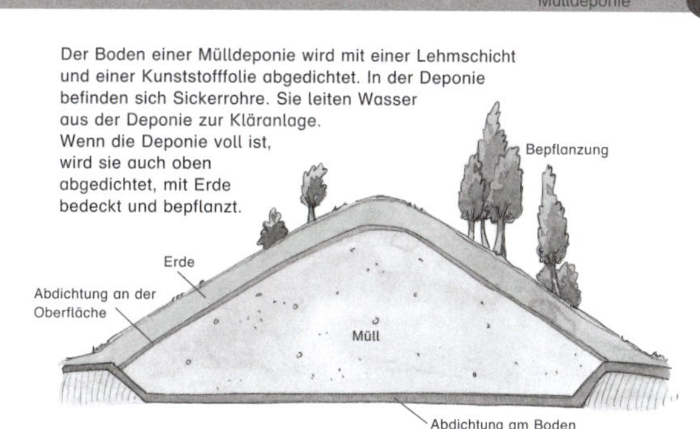

Warum wird die Mülldeponie nach unten abgedichtet?

Giftige Stoffe aus der Deponie dürfen nicht ins Grundwasser gelangen.

Warum wird die Mülldeponie nach oben abgedichtet?

Giftige Stoffe und der Müll sollen nicht in die Umwelt der Deponie gelangen.

Warum wird das Wasser aus den Sickerrohren zur Kläranlage geleitet?

In der Deponie kann das Wasser verunreinigt werden.

Müll wird heute immer erst verbrannt, bevor er auf die Deponie gebracht wird. Warum?

Der Müll benötigt dann weniger Platz.

Hast du die Seite fertig bearbeitet? Dann darfst du dir hinten einen Stern auf die Nummer 140 kleben.

Technik-Quiz

Wie wurde das erste Fahrrad auch genannt?

- [ ] Hochrad
- [x] Draisine
- [ ] Kettenantriebsrad

Wie lang ist die längste Brücke der Welt?

- [x] 54 km
- [ ] 25 km
- [ ] 80 km

Wo steht mit 830 m Höhe der höchste Turm der Welt?

- [ ] in den USA
- [ ] in Japan
- [x] in Dubai

Wie lang ist das längste Fahrrad der Welt?

- [ ] 15 m
- [ ] 3 m
- [x] 28 m

Die Camera obscura war der erste Fotoapparat. Wie nannte man sie noch?

- [x] Lochkamera
- [ ] Umkehrkamera
- [ ] Linsenkamera

Was bedeutet SMS?

- [ ] sending sweet memories
- [x] short messages system
- [ ] shining morning sun

Wo steht des größte Wasserkraftwerk der Welt?

- [x] in China
- [ ] in Kanada
- [ ] in Brasilien

Die Hindenburg war das längste jemals gebaute Luftschiff. Wie lang war sie?

- [ ] 133 m
- [ ] 312 m
- [x] 254 m

Wann landete ein Mensch zum ersten Mal auf dem Mond?

- [ ] 1911
- [x] 1969
- [ ] 2000

Hast du die Seite fertig bearbeitet? Dann darfst du dir hinten einen Stern auf die Nummer 158 kleben.

Sortiere die Telefone nach ihrem Alter. Beginne mit dem Ältesten. Nummeriere.

☐ ☐ ☐ ☐ ☐

Sortiere die Telefone nach ihrem Alter. Beginne mit dem Ältesten. Nummeriere.

Was bedeutet der Begriff Patent?
Schlage nach oder recherchiere im Internet.

____

____

____

Fülle das Rätsel aus.

1. Name von Bells Assistent
2. Philipp ...
3. Viele melden sich so am Telefon.
4. Er erhielt das Patent auf das Telefon.
5. Telefon bedeutet: ... Stimme
6. Name des ersten Handys
7. „Pferde fressen keinen ... ."

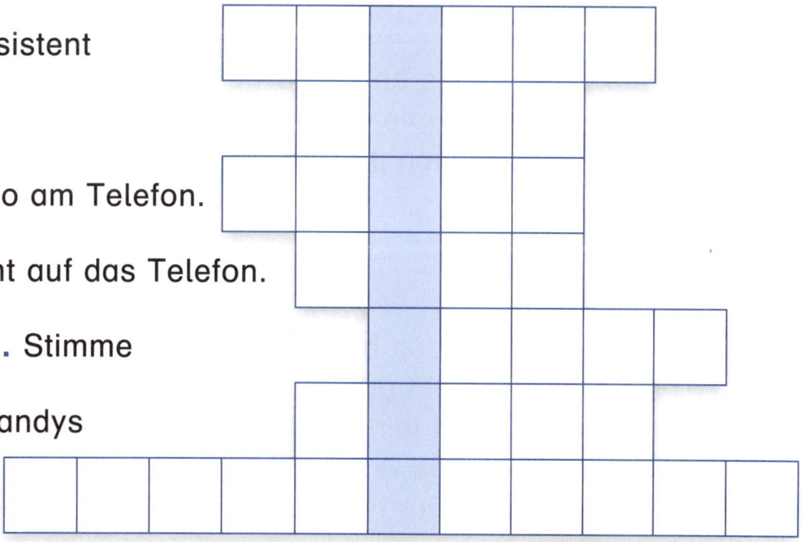

Lösungswort:

____

Früher sagte man übrigens „Ahoi“ statt „Hallo“, wenn man sich am Telefon meldete.

Fliegen wie die Vögel, Schwimmen wie Fische oder Bauen wie Insekten – immer wieder waren es natürliche Vorbilder, die Forscher auf Ideen für neue Erfindungen brachten. Die Natur hat sich eine Reihe interessanter Tricks einfallen lassen und für viele Probleme geniale Lösungen gefunden.

Hier sind einige Beispiele. Kannst du sie den Vorbildern aus der Natur zuordnen?

Verbinde jeweils das Vorbild aus der Natur mit der technischen Entwicklung.
Schreibe daneben, was die Menschen sich abgeschaut haben.

Libellen sind schnell und können sich in der Luft in alle Richtungen drehen. Sie können sogar auf der Stelle fliegen.	
Tintenfische haben an den Unterseiten ihrer Fangarme Saugnäpfe. Damit bewegen sie sich fort und können ihre Beute festhalten.	
Haie gehören zu den besten Schwimmern. Die Haihaut besteht aus spitzen beweglichen Hautschuppen mit feinen Rillen. Durch sie kann das Wasser leichter hindurchfließen. Der Hai wird schneller.	
Die Frucht einer Klette kann sich mit ihren über 200 Widerhaken fest im Fell von Tieren oder auch in der Kleidung verhaken. Die Widerhaken sind so gebaut, dass sie sich immer wieder verhaken können.	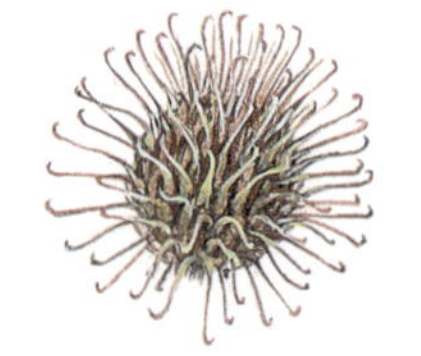

Dem Einfallsreichtum auf den Grund gehen und nach dem Vorbild der Natur neue Techniken entwickeln – das will die Bionik. Das Wort setzt sich aus den Begriffen Biologie und Technik zusammen. Bioniker beschäftigen sich mit Materialien und Konstruktionen der Natur und versuchen, diese auf technische Bereiche zu übertragen.

Findest du ein eigenes Beispiel? Recherchiere.

Zeppeline sehen wirklich nicht aus wie Flugzeuge, sondern eher wie Schiffe, die in der Luft schwimmen. Das liegt daran, dass sie mit einem Gas gefüllt sind, das leichter ist als Luft. So können sie wie ein Ballon in der Luft schweben. Man nennt sie deshalb auch Luftschiffe.

Zeppeline sind benannt nach ihrem Erfinder Ferdinand Graf von Zeppelin (1838–1917). **1897** begann er, an der Erfindung eines lenkbaren, von Motoren angetriebenen Luftschiffes zu arbeiten.

Der erste Zeppelin wurde in einer schwimmenden Halle auf dem Bodensee gebaut. Er war 128 Meter lang und hatte ein 12 Meter breites Gerippe aus Aluminium, das mit Stoff bespannt und mit Gas gefüllt war. Darunter hingen zwei Benzinmotoren, die je zwei Luftschrauben antrieben. Der erste Flug über den Bodensee fand am 2. Juli **1900** statt, musste aber schon nach 18 Minuten wieder abgebrochen werden, weil es technische Probleme gab. In den folgenden Jahren entwickelte Graf von Zeppelin seine Erfindung immer weiter.

1919 überflog ein englisches Luftschiff zum ersten Mal den Atlantik.
1926 wurde erstmals der Nordpol überflogen.
1929 stellte das 236 Meter lange Luftschiff „Graf Zeppelin" einen Rekord auf: Es flog in 20 Tagen, 4 Stunden und 13 Minuten mit 54 Passagieren 33.000 Kilometer um die Welt. Die Fahrgäste glitten in geringer Höhe über fremde Länder hinweg.

Der größte jemals gebaute Zeppelin der Welt hieß Hindenburg.
Er war 254 Meter lang, sein Aluminiumgerüst war 41,2 Meter breit.
Er flog bis zu 125 Kilometer pro Stunde. Fünfzig Passagiere konnten damit transportiert werden.
Am 6. Mai **1937** explodierte die Hindenburg beim Landeanflug auf den Haltepunkt Lakehurst in den USA. 35 Menschen kamen dabei ums Leben. Die Ursache für den Absturz konnte bis heute nicht geklärt werden.
Heute sind nur noch kleine Zeppeline im Einsatz, die meist zu Werbezwecken genutzt werden.

Ferdinand Graf von Zeppelin

Erstelle eine Zeitleiste zum Zeppelin.
Schreibe in den Kasten, was sich ereignet hat. Die fettgedruckten Jahreszahlen aus dem Text helfen dir dabei. Verbinde mit der Zeitleiste.

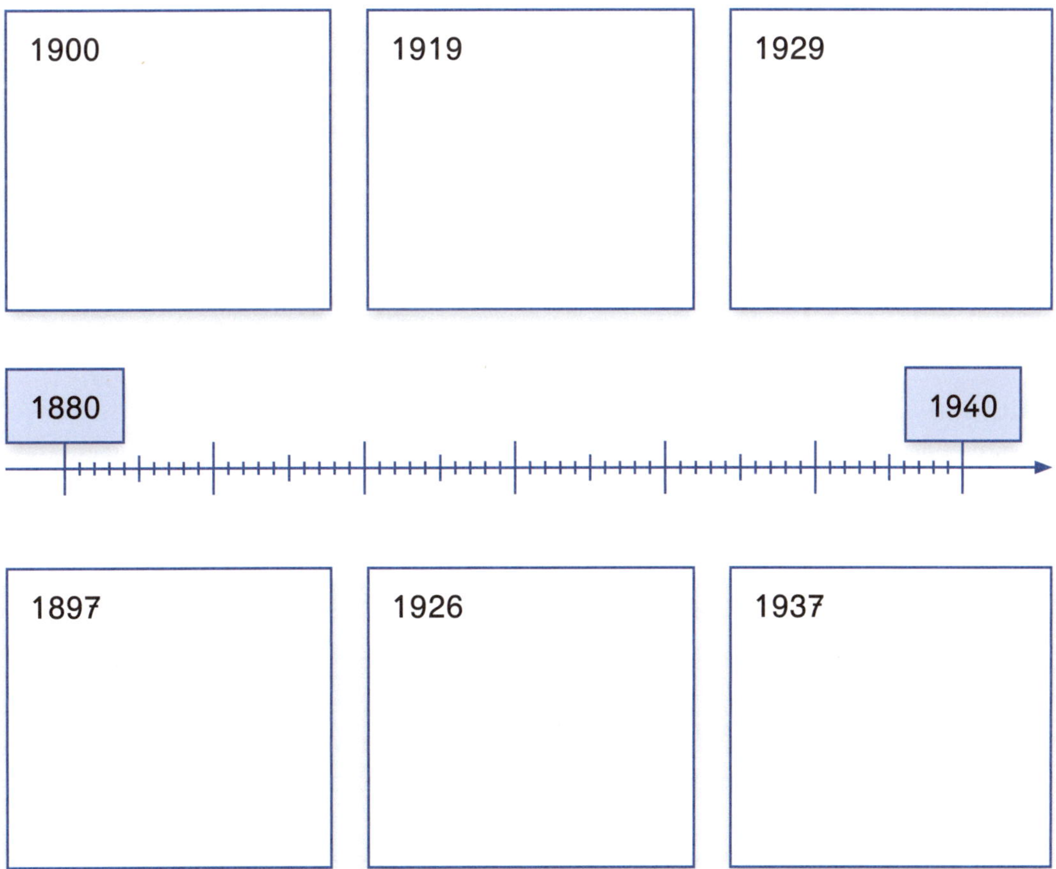

Sicher hast du schon einmal einen Magneten benutzt: in der Schule, um an der Tafel etwas anzuheften; beim Schließen und Öffnen von Schranktüren; bei verschiedenen Spielsachen. Mache dich zu Hause auf die Suche nach Magneten.
Schon vor langer Zeit haben Menschen Steine in der Erde gefunden, die bestimmte andere Gegenstände anziehen können. Diese Steine wurden Magnete genannt. Die unsichtbare Kraft, die die Magnete umgibt, nennt man Magnetismus.

Für die folgenden Versuche benötigst du einen oder zwei Magnete. Halte einen Magneten an die Gegenstände in der Tabelle.
Was vermutest du? Was passiert?

Gegenstand	**Vermutung**		**Versuch**	
	wird angezogen	wird nicht angezogen	wird angezogen	wird nicht angezogen
Schlüssel				
Stein				
Glas				
Papier				
Plastik				
Korken				
Stoff				
Büroklammer				
Alufolie				
Schraube				

Was hast du herausgefunden? Aus welchem Material sind die Gegenstände, die von einem Magneten angezogen werden?

Hast du die Seite fertig bearbeitet? Dann darfst du dir hinten einen Stern auf die Nummer 127 kleben.

Mit zwei Magneten kannst du testen, wie stark sie sind. Klemme zuerst ein Blatt Papier zwischen die Magnete. Nimm dann immer mehr Blätter.

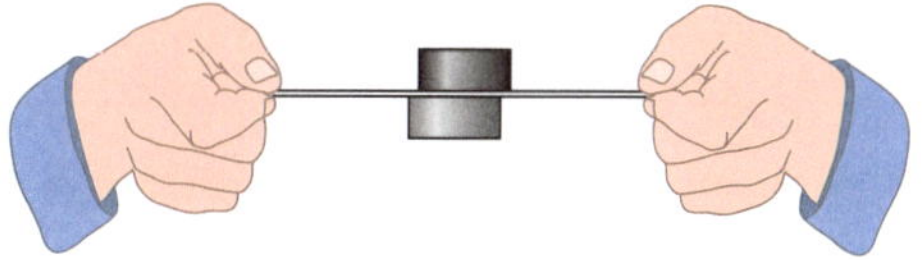

Bei wie vielen Blättern Papier können sich die Magnete noch anziehen und fallen nicht herunter?

Wenn du im folgenden Text die Lücken füllst, erfährst du noch mehr über Magnete und ihre Kraft, den Magnetismus.

Diese Wörter helfen dir: Hufeisenmagnete | ziehen sie sich an | Dauermagnete | Scheibenmagnete | stoßen sie sich ab | Stabmagnete.

Es gibt ______________________, ______________________ und ______________________. Da sie ihre Kraft nie verlieren, nennt man sie auch ______________________. Jeder Magnet besteht aus einem Südpol und einem Nordpol. Gleichnamige Pole stoßen sich ab, unterschiedlich ausgerichtete Pole ziehen sich an. Wenn man einen Südpol an einen Südpol hält, dann ______________________________.

Wenn man einen Südpol an einen Nordpol hält, dann

______________________________.

So kannst du dir vorstellen, wie es in magnetischen und nicht-magnetischen Eisenstäben aussieht. **Verbinde.**

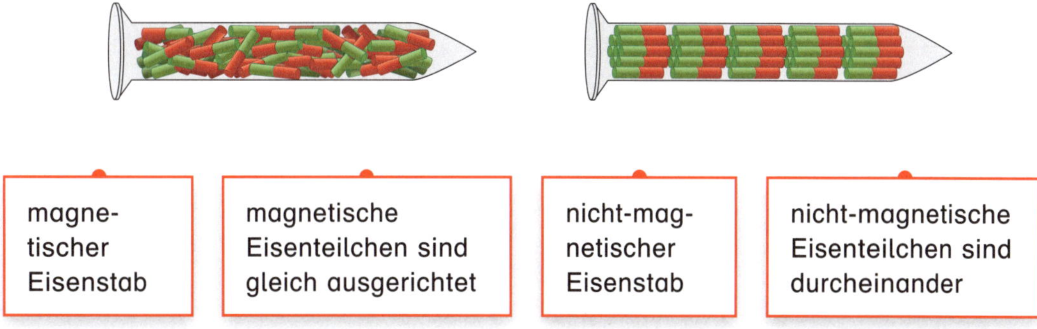

magnetischer Eisenstab	magnetische Eisenteilchen sind gleich ausgerichtet	nicht-magnetischer Eisenstab	nicht-magnetische Eisenteilchen sind durcheinander

Versuche, deine Magnete so zu halten, dass sie sich anziehen bzw. abstoßen.

Wir wissen heute, dass die Erde ein großer Magnet ist. Sie hat einen Südpol und einen Nordpol. Ohne das zu wissen, erfanden Menschen in China bereits vor ungefähr 2000 Jahren ein Gerät, das die Himmelsrichtungen anzeigen konnte. Sie banden ein Stück Magnetstein an eine Schnur. Der Magnet zeigte dann nach Norden und Süden. Das kann man heute noch genau so machen.

Vor ungefähr 800 Jahren kam der Kompass nach Europa. Im Laufe der Zeit wurde er immer weiter verbessert und so immer genauer und zuverlässiger. Die Kompassnadel ist ein frei beweglicher kleiner Magnet. Die markierte Seite zeigt immer nach Norden, egal wie man den Kompass dreht.

Die Windrose hilft, Himmelsrichtungen ganz genau anzugeben. Wenn man weiß, wo Norden ist, kann man jede Richtung bestimmen.

Findest du die Namen aller Haupt- und Nebenhimmelsrichtungen heraus?

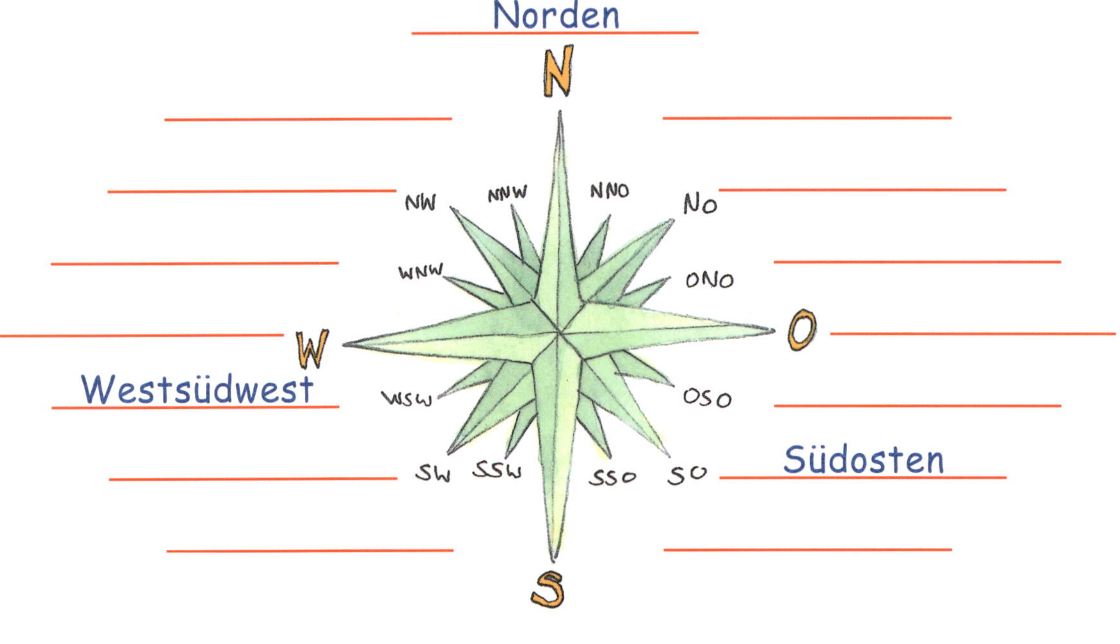

Hast du die Seite fertig bearbeitet? Dann darfst du dir hinten einen Stern auf die Nummer 80 kleben.

Jetzt weißt du schon Einiges über den Kompass und die Himmelsrichtungen.

Kreuze an, ob die Aussagen richtig oder falsch sind.

	richtig	**falsch**
Die markierte Seite der Kompassnadel zeigt immer nach Westen.		
Der erste Kompass wurde in China erfunden.		
Die Erde ist ein großer Magnet mit Süd- und Nordpol.		
Wenn ich genau nach Norden schaue, ist links von mir Osten.		
Der erste Kompass war eine Glaskugel mit einem Magneten darin.		
Der Kompass wurde erst vor 800 Jahren erfunden.		
Wenn ich genau nach Osten schaue, ist rechts von mir Süden.		
Die Nadel in einem Kompass darf nirgends anstoßen oder hängen bleiben.		
Der erste Kompass war ein Magnetstein an einer Schnur.		
Wenn ich nach Süden schaue, ist rechts von mir Osten.		
Die sternförmige Anordnung der Himmelsrichtungen wird Windhose genannt.		
Wenn ich einen Magneten auf einem Stück Styropor im Wasser schwimmen lasse, richtet er sich nach Norden und Süden aus.		
Wenn ich nach Nordwesten schaue, ist hinter mir Südosten.		

Versuch

Du benötigst:
- drei Klarsichtfolien
- einen Pullover oder einen Schal aus Wolle

1. Reibe mit der Klarsichtfolie mindestens 10-mal auf deinen Haaren hin und her. Bringe diese Folie danach wieder in die Nähe deiner Haare. Schaue dich dabei im Spiegel an. Was beobachtest du?

___

___

2. Reibe mehrmals mit dem Pullover oder dem Schal über diese Folie. Probiere: Was wird von der Folie angezogen?

___

3. Reibe nun nacheinander mit dem Pullover oder dem Schal über die anderen beiden Klarsichtfolien. Halte sie danach dicht nebeneinander. Was beobachtest du jetzt?

___

Der Zauberstern

Du brauchst die Materialien, die du auf dem Bild siehst.
Falte das Papier so, dass du die gestrichelten Linien als Faltlinien bekommst. Schneide aus dem Papier einen Stern aus und drücke ihn so zurecht, wie du es auf dem zweiten Bild siehst. Stecke den Zahnstocher in den Korken und setze den Stern darauf.

Was musst du mit dem Lineal machen, damit du den Stern drehen kannst, ohne ihn mit dem Lineal zu berühren? Denke an die Versuche oben.

Was ist bei den Versuchen passiert?

Jeder Gegenstand besteht aus verschiedenen winzig kleinen Teilchen. Einen Teil davon nennt man Elektronen. Reibst du mit der Folie über deine Haare, dann springen Elektronen von den Haaren auf die Folie. Diese hat jetzt mehr Elektronen als zuvor. Man sagt, sie ist negativ geladen. Die Haare haben nun weniger Elektronen. Die Folie möchte die Elektronen wieder abgeben und die Haare möchten ihre Elektronen zurückhaben. Wenn du jetzt mit der Folie in die Nähe deiner Haare kommst, dann werden diese angezogen und nehmen die Elektronen auf.
Kommen zwei Gegenstände mit zu vielen Elektronen zusammen, dann stoßen sie sich ab. Das konntest du bei den beiden Klarsichtfolien beobachten.
Manchmal springen diese Elektronen von einem Gegenstand zum anderen durch die Luft. Sind es sehr viele Elektronen, die überspringen, kannst du es knistern hören oder sogar Lichtblitze sehen.
Immer wenn Elektronen sich bewegen, entsteht Elektrizität.
Man sagt, dass Strom fließt.
In einer Batterie gibt es einen Anschluss (Minuspol), an dem zu viele Elektronen sind und einen Anschluss (Pluspol), an dem zu wenige Elektronen sind. Innerhalb der Batterie verhindert eine Trennwand, dass die Elektronen von einem Anschluss zum anderen wandern.
Verbindest du die beiden Anschlüsse mit einem Kabel, dann bewegen sich die Elektronen durch das Kabel vom Minuspol zum Pluspol.
Jetzt fließt Strom.

Unterstreiche im Text:
Was passiert, wenn du mit einer Folie über deine Haare reibst?
Wann entsteht Elektrizität?

Richtig oder falsch?

	richtig	**falsch**
In jedem Gegenstand befinden sich Elektronen.		
Strom fließt, wenn Elektronen sich nicht bewegen.		
Elektronen können durch die Luft springen.		
In einer Batterie wandern Elektronen hin und her.		
Wenn Elektronen vom Minuspol zum Pluspol wandern, fließt Strom.		

Fülle die Lücken.
Die Wörter darunter helfen dir.

Wenn du das Lämpchen mit Kabeln mit dem ______________ und dem ______________ einer Batterie verbindest, fließt ______________ und die Glühlampe ______________. Der Strom fließt immer im ______________.

(Pluspol | leuchtet | Minuspol | Strom | Kreis)

Zeichne den Weg des Stroms in der Zeichnung ein.

Welches Lämpchen leuchtet? Färbe es gelb.

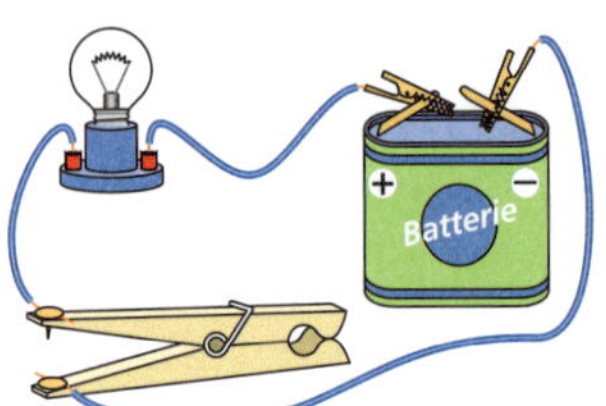

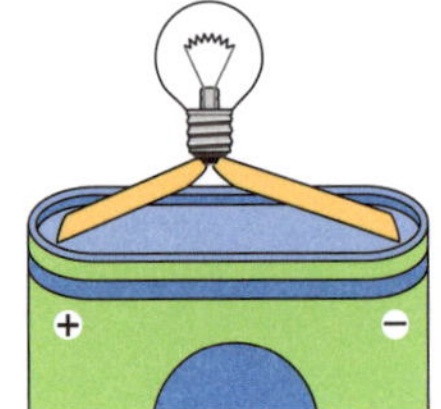

Wie kannst du diese Materialien so zusammenbauen, dass das Lämpchen leuchtet? Zeichne deinen Stromkreis auf.

Hast du die Seite fertig bearbeitet? Dann darfst du dir hinten einen Stern auf die Nummer 99 kleben.

Du kannst auch mehrere Lämpchen in einen Stromkreis einbauen.

Reihenschaltung

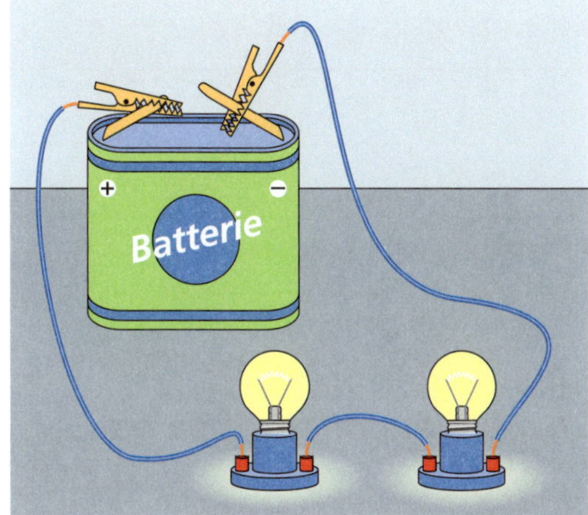

Parallelschaltung

Stell dir vor, beide Lämpchen leuchten. Was passiert, wenn man ein Lämpchen aus der Fassung dreht ...

... bei der Reihenschaltung?

____

... bei der Parallelschaltung?

____

Begründe deine Meinung:

____

____

Schau dir die Stromkreise oben an.
Wo musst du das Kabel durchschneiden, damit nur ein Lämpchen weiterleuchtet?
Markiere in der Zeichnung mit lila.

Wo musst du das Kabel durchschneiden, damit kein Lämpchen mehr leuchtet?
Markiere schwarz.

Hast du die Seite fertig bearbeitet? Dann darfst du dir hinten einen Stern auf die Nummer 162 kleben.

Strom wird überall genutzt. Schreibe auf, für welche Geräte der Strom in diesem Zimmer verwendet wird.

Wofür benötigst du in deinem Zimmer Strom?

Strom hat verschiedene Wirkungen.
Was erzeugt er bei diesen Geräten hauptsächlich?

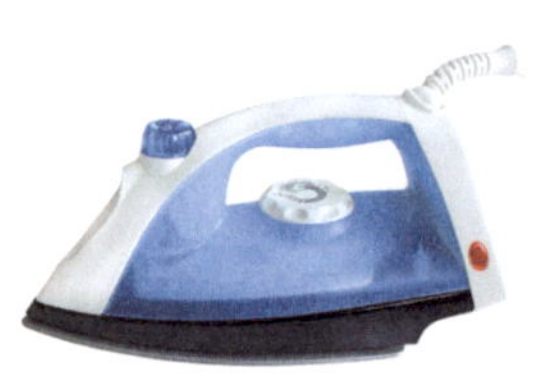

Hast du die Seite fertig bearbeitet? Dann darfst du dir hinten einen Stern auf die Nummer 112 kleben.

Eine Glühlampe wird mit dem **Schraubsockel** in eine Lampenfassung gedreht. Das **Kontaktblättchen** berührt den Boden der Fassung. Der **Glaskolben** schützt einen sehr dünnen, spiralförmig gedrehten **Glühdraht**. Von beiden Enden des Glühdrahtes gehen **Verbindungsdrähte** ab. Einer verläuft bis zum Kontaktblättchen, ein anderer endet im oberen Teil des Schraubsockels. Die **Isolierung** trennt den Schraubsockel vom Kontaktblättchen.

Beschrifte die Glühlampe mit den markierten Wörtern.

Wenn Strom fließt, wird der Glühdraht stark erhitzt und beginnt zu glühen. Das Glühen siehst du als Licht.

Welche zwei Wirkungen erzeugt der Strom bei einer Glühlampe?

Hast du die Seite fertig bearbeitet? Dann darfst du dir hinten einen Stern auf die Nummer 81 kleben.

Es ist für den Strom leichter, durch ein normales Kabel zu fließen als durch den Glühfaden einer Glühlampe. Dieser Glühfaden leistet dem Strom Widerstand.

Trage in die Zeichnung ein, wo der Widerstand groß und wo er gering ist.

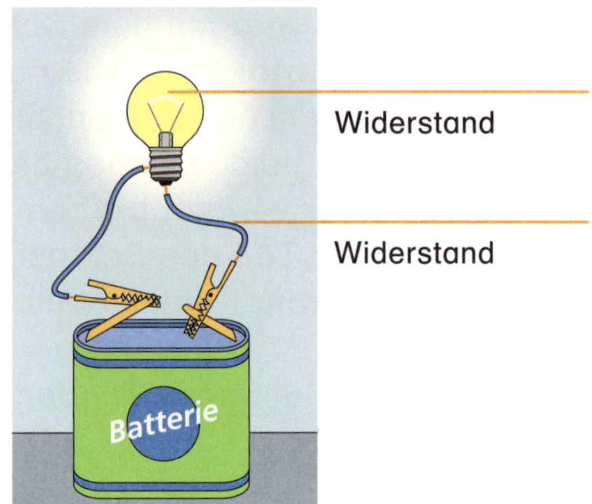

Wenn der Strom so fließt, dass auf seinem Weg zwischen den zwei Polen der Batterie kein Widerstand ist, dann kann es zum Kurzschluss kommen. Dabei kann große Hitze entstehen und es können sogar Funken sprühen.

Der Strom sucht sich, wenn es möglich ist, immer den Weg des geringsten Widerstands. Zeichne den Weg des Stroms ein und kreuze an, wo es zum Kurzschluss kommt.

Hast du die Seite fertig bearbeitet? Dann darfst du dir hinten einen Stern auf die Nummer 100 kleben.

Welche Materialien leiten den Strom gut?

Wenn du dir das Innere eines Stromkabels ansiehst, dann entdeckst du, dass sich darin meist ein Draht aus Kupfer befindet, der von Kunststoff umgeben ist. Strom kann nicht durch alle Materialien gleich gut fließen. Durch Metall, z. B. Kupfer oder Eisen aber auch durch Salzwasser fließt der Strom gut. Du brauchst als Stromquelle nur eine Batterie und durch das Kabel fließt Strom. Andere Materialien, z. B. Leitungswasser, leiten den Strom nicht so gut. Der Strom fließt erst hindurch, wenn er besonders stark ist, z. B. wenn er aus der Steckdose kommt. Es gibt Stoffe, z. B. Gummi oder Porzellan, die den Strom sehr schlecht leiten. Dadurch fließt er erst, wenn er viel stärker ist als der Strom aus der Steckdose. Diese Stoffe nennt man Isolatoren.
Weil in deinem Körper auch Wasser ist, leitet er den Strom. Wenn du einen Stromschlag bekommst, wenn also durch deinen Körper starker Strom fließt, kann es sein, dass dein Herz aufhört zu schlagen.

Kreuze an, welche Materialien gute Leiter sind:

- ☐ Kupfer
- ☐ Gummi
- ☐ Aluminium
- ☐ Gold
- ☐ Salzwasser
- ☐ Leitungswasser

Warum besteht ein Stromkabel in der Mitte aus Kupfer und außen herum aus Kunststoff?

____

____

____

Warum ist es gefährlich, während eines Gewitters im Freien zu sein?

____

____

____

Hast du die Seite fertig bearbeitet? Dann darfst du dir hinten Sterne auf die Nummer 121 und 134 kleben.

Der Dynamo sorgt dafür, dass das Lämpchen an einem Fahrrad leuchtet. Im Dynamo befinden sich ein Magnet und eine Kupferdrahtspule. Wenn der Magnet sich dreht, wird in dem Kupferdraht Strom erzeugt.

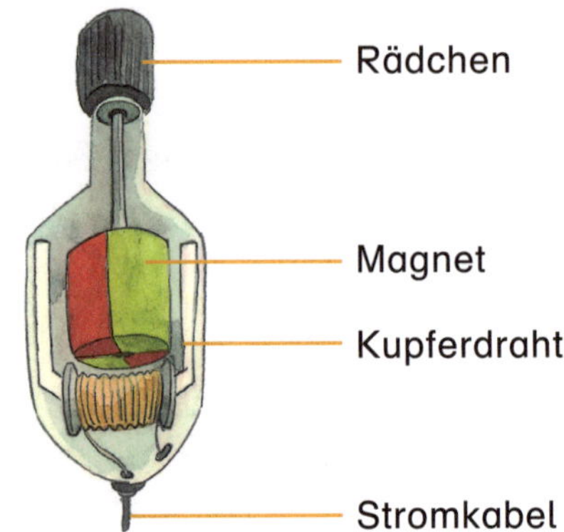

Auch bei diesen Kraftwerken wird ein Magnet gedreht. Was wird hier verwendet, damit der Magnet angetrieben wird? **Schreibe es auf den Pfeil.**

Windkraftwerk

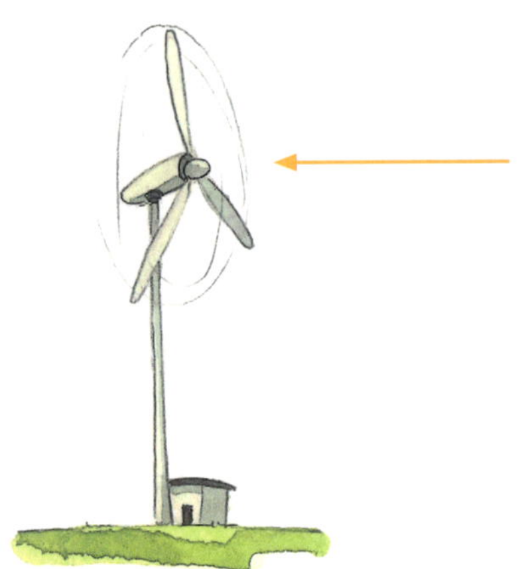

Wärmekraftwerk

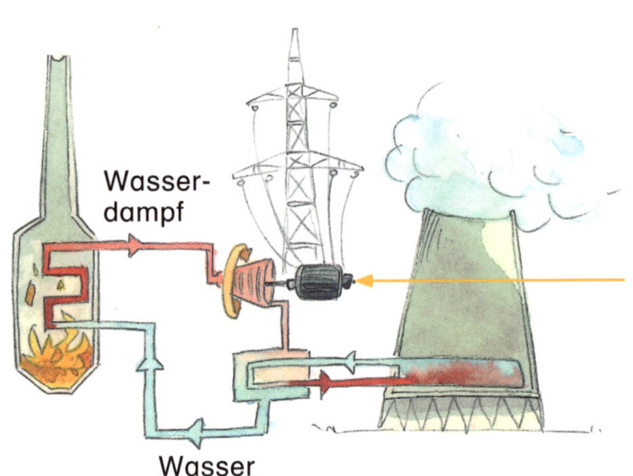

Was trifft auf ein Wärmekraftwerk zu? Informiere dich und kreuze an.

Wasser wird über einem Feuer erhitzt, damit es zu Wasserdampf wird.	
Durch den Rauch des Feuers wird der Magnet gedreht.	
Als Brennstoff kann auch Müll verwendet werden.	
Es wird ständig neues Wasser gebraucht.	
Es gibt Wärmekraftwerke, in denen Gas oder Kohle verbrannt wird.	

Hast du die Seite fertig bearbeitet? Dann darfst du dir hinten einen Stern auf die Nummer 128 kleben.

Das Wasserkraftwerk

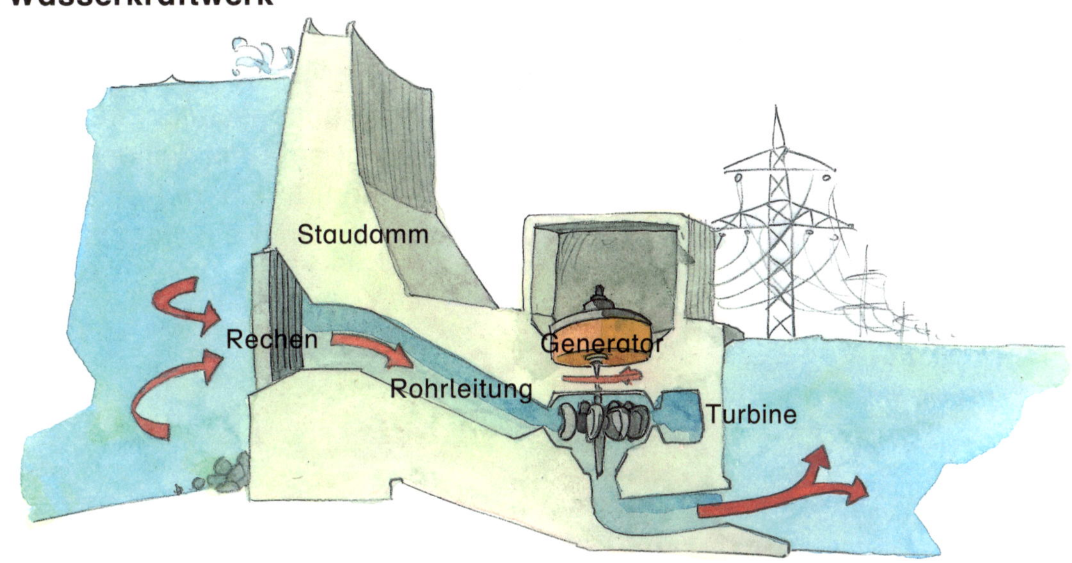

Setze die passenden Begriffe ein. Das Bild hilft dir dabei.

Ein Fluss wird mit einem ______________________ zu einem künstlichen See gestaut. Das Wasser fließt durch einen ______________________. Dieser siebt Unrat, z. B. Treibholz heraus. Durch eine ______________________ gelangt das Wasser zur ______________________. Durch den Wasserdruck fließt es dabei sehr schnell. Das Wasser treibt die Turbine an. Dadurch dreht sich ein Magnet im ______________________. So wird Strom erzeugt. Über das Stromnetz gelangt er durch Stromleitungen zu den Verbrauchern.

Wasser und Wind gehören zu den erneuerbaren Energienquellen.
Versuche, den Begriff „Energiequelle" zu erklären.

____

____

Kennst du noch eine andere erneuerbare Energiequelle?

____

Unser Trinkwasser stammt zu einem großen Teil aus dem Grundwasser. Grundwasser besteht aus Regenwasser, das in der Erde versickert ist und sich in Brunnen oder Quellen gesammelt hat. Von dort wird es von Tiefpumpen im Brunnenschacht in das Wasserwerk gepumpt. Wenn es verunreinigt oder mit Schadstoffen durchsetzt ist, muss es hier gereinigt werden. In einem Hochbehälter wird das Trinkwasser gespeichert, bevor es durch ein Netz von Rohren zu uns in den Wasserhahn kommt.

Beschrifte die Stationen.

Die Lösungswörter helfen dir: Grundwasser | Wasserwerk | Hochbehälter | Tiefbrunnen | Leitungsnetz | Brunnenschacht

Zeichne ein, wie weit das Wasser in den Häusern hochsteigen kann.

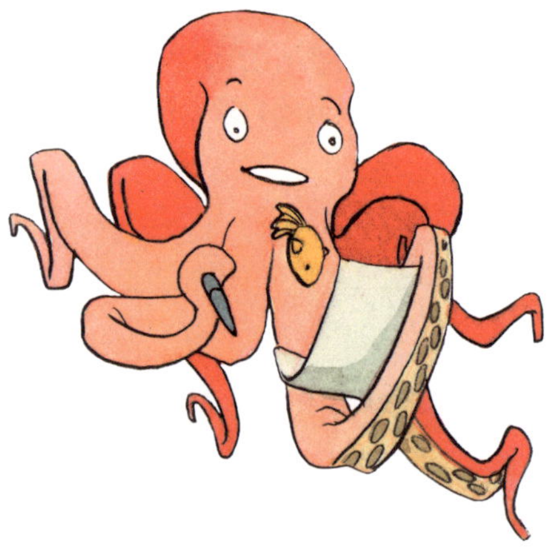

Hast du die Seite fertig bearbeitet? Dann darfst du dir hinten Sterne auf die Nummern 135 und 86 kleben.

Warum fließt das Wasser ohne Pumpe in die Häuser?

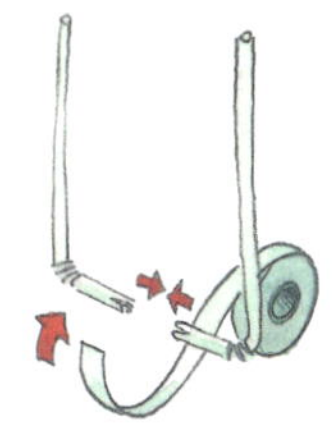

Mache folgenden Versuch:
Nimm einen durchsichtigen Schlauch oder verbinde zwei Knickstrohhalme zu einem U.

Dazu schneidest du jeweils an einem Ende die Halme zweimal über Kreuz ein. So kannst du sie leicht ineinander stecken. Klebe die Verbindungsstelle mit Klebestreifen fest. Presse eine Orange aus, bohre mit dem Korkenzieher ein Loch in die Mitte jeder Hälfte. Verbinde die Orangenhälften mit dem Schlauch oder den Strohhalmen.

Markiere den Wasserstand in der gegenüberliegenden Schale.
Fülle Wasser auf der linken Seite ein.

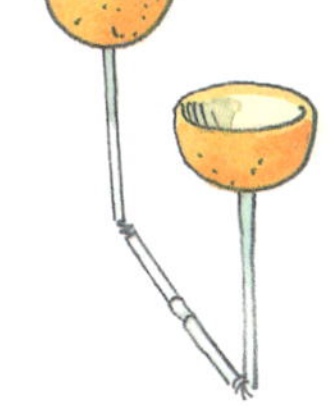

Was passiert? ______________________

____

Fülle die linke Schale randvoll.
Wie hoch steht das Wasser in der anderen Schale?

Hebe die linke Schale höher als die rechte.

Du möchtest duschen, drehst den Wasserhahn voll auf und es kommt nur ein Rinnsaal. Forsche nach, woran das liegen kann: Bohre in eine PET-Flasche drei Löcher wie bei einer Flöte. Halte die Löcher zu und fülle Wasser ein. Öffne die Löcher gleichzeitig.

Beobachte und kreuze richtige Sätze an:

- ☐ Aus dem obersten Loch kommt kein Wasser.
- ☐ Aus allen drei Löchern spritzt Wasser, aus dem untersten spritzt es am längsten und weitesten.
- ☐ Das Wasser will aus der Flasche heraus und drückt auf die Wände.
- ☐ Auf das mittlere Loch drückt mehr Wasser, deshalb spritzt es weiter.
- ☐ Auf das untere Loch drückt das meiste Wasser, deshalb spritzt es am weitesten.

Finde den Weg des Wassers zum Wasserhahn:

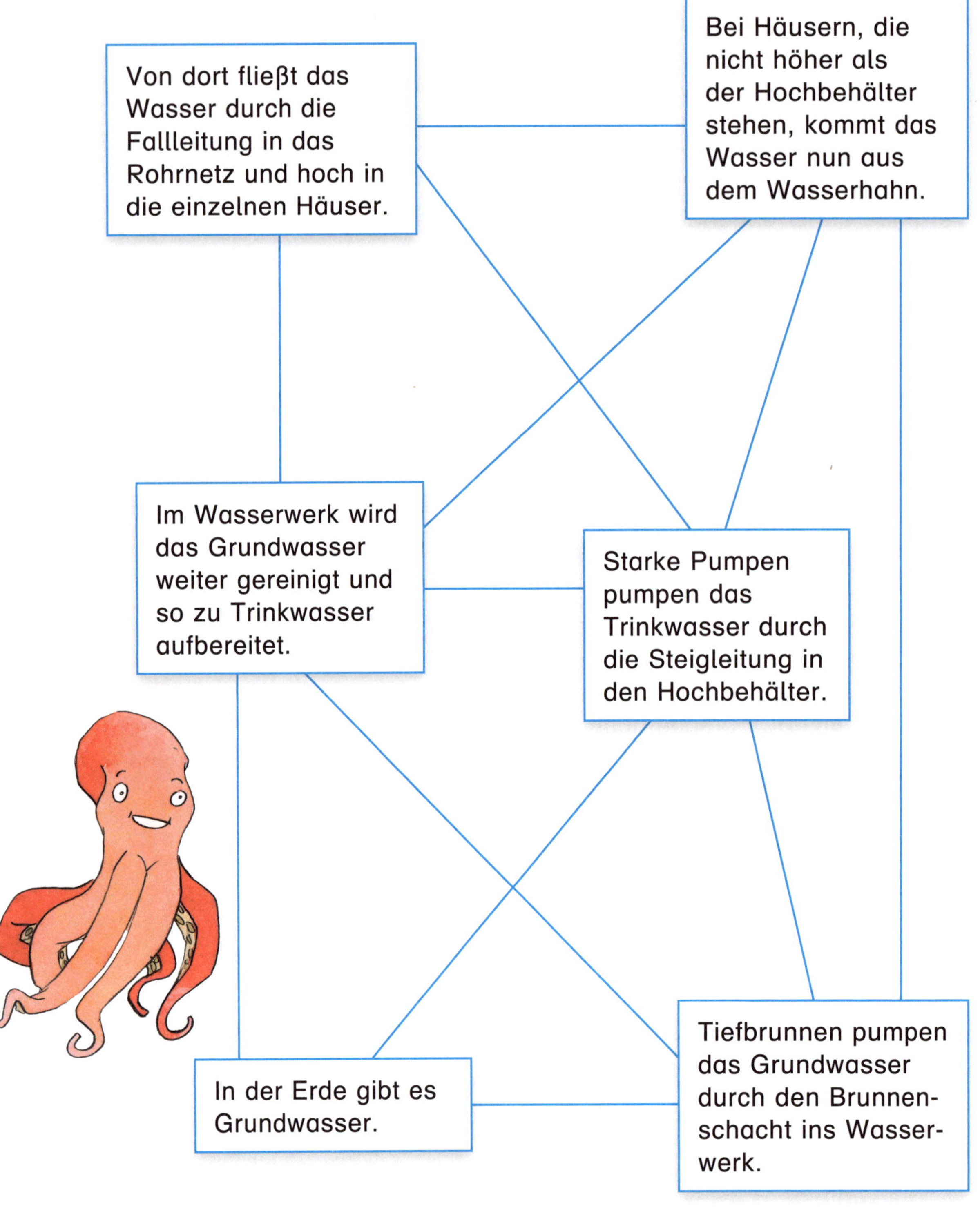

Hast du die Seite fertig bearbeitet? Dann darfst du dir hinten Sterne auf die Nummern 98 und 141 kleben.

Werde Wasserexperte.

Kreuze richtig an und finde das Lösungswort:

	ja	nein
Jeder Mensch besteht zu $^{3}/_{4}$ aus Wasser.	W	M
Wir sollten täglich 2–3 l trinken.	a	b
Wir können 2 Monate ohne Essen und Getränke überleben.	e	s
Auf unserer Erde gibt es mehr Land als Wasser	e	s
Auf der Erde gibt es mehr Meerwasser als Süßwasser.	e	t
Wasser steht in verbunden Röhren immer gleich hoch.	r	k
Grundwasser ist gut geschützt.	e	u
Im Wasserschutzgebiet darf der Bauer seine Felder düngen.	y	x
Das Wasser steigt alleine in den Hochbehälter hoch.	q	p
Grundwasser muss aus der Erde gepumpt werden.	e	o
Häuser, die höher liegen als der Hochbehälter, brauchen eine Pumpe, um das Wasser hoch zu befördern.	r	s
Beim Duschen verbrauche ich weniger Wasser als beim Baden.	t	m
Um Wasser zu sparen, lasse ich beim Zähneputzen das Wasser laufen.	i	e
Das meiste Wasser verbraucht der Mensch zum Trinken.	m	n

Lösungswort:

____

Versuch 1

Stelle Schmutzwasser her. Mische dazu Erde, Sand und kleine Rindenstückchen in einem großen Glas Wasser.

Lass dieses Wasser einen Tag stehen.

Vermute: ______________________________

Beobachte: ______________________________

____

Versuch 2

Rühre dein Schmutzwasser um.
Versuche es nun schneller zu reinigen.
Bereite vor: 4 weitere Gläser, ein Sieb, 3 Joghurtbecher (stich mit einer Nadel viele kleine Löcher in den Boden). Fülle einen Becher mit sauberem Sand, einen mit sauberem Kies und einen mit einem Kaffeefilter.

Schütte ein Teil des Schmutzwassers durch das Sieb. Halte das Sieb über ein Glas. Wiederhole alles mit den Joghurtbechern und den übrigen Gläsern.

Beschreibe, wie das Wasser hinterher aussieht:

Sieb	
Becher mit Sand	
Becher mit Kies	
Becher mit Filter	

Richtig sauber wird Wasser nur in der Kläranlage

Im Rechen werden große Schmutzteile herausgesiebt. Sie werden gesammelt und zur Müllverbrennung gebracht. Nun kommt das Schmutzwasser in den Sandfang. Hier sinken schwere Schmutzteilchen auf den Boden und werden abgesaugt oder weggeschoben. Noch ist das Wasser dreckig und trüb. Im Vorklärbecken kann sich nun weiterer Schlamm und Schmutz am Boden absetzen und leichte Stoffe wie Fett und Öl werden an der Wasseroberfläche abgeschöpft. Die mechanische Reinigung ist beendet. Nun beginnt die biologische Reinigung. Im Belebungsbecken sind Bakterien. Damit diese überleben können, wird ständig Luft ins Wasser gesprudelt. Die Bakterien fressen den Schmutz aus dem Wasser. Braune Schlammflocken entstehen. Im Faulturm wird aus dem Schlamm vom Vor- und Nachklärbecken durch Faulbakterien Gas. Das Gas wird zur Stromerzeugung genützt. Der Schlamm, der noch übrig bleibt, stinkt nicht mehr und wird zum Düngen der Felder verwandt. Im Nachklärbecken sinken die braunen Schlammflecken nach unten und bilden eine Schicht. Fast klares Wasser schwimmt nun oben. Bevor das klare Wasser in einen Fluss fließt, wird es nochmals gefiltert.

Beschrifte die Zeichnung. Unterstreiche die Stationen der mechanischen Reinigung schwarz, die der biologischen lila.

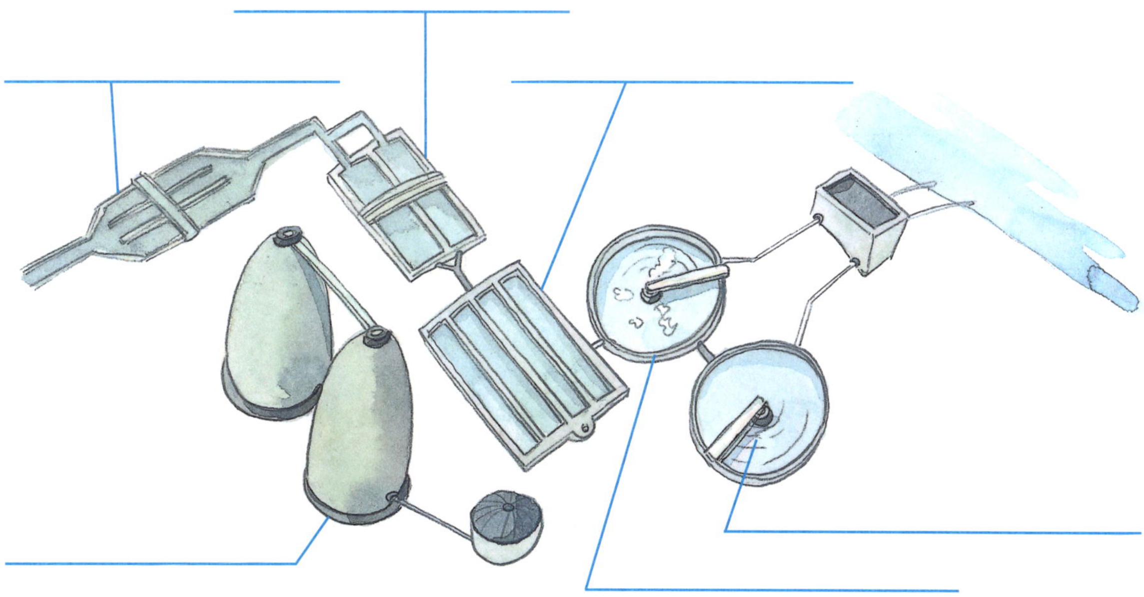

Welches Schild gehört zu welchem Sammelbehälter?

Glas
- Einwegflaschen, Scherben, beschädigte Glasbehälter

Papier und Pappe
- z. B. Bücher, Zeitungen, Kartonagen, Zettel

Bioabfälle
- Essensreste
- Obst- und Gemüseabfälle
- Filtertüten mit Kaffeesatz oder Tee
- Gartenabfälle

Verpackungen bestehen aus unterschiedlichen Materialien.
Informiere dich, wie sie getrennt werden.

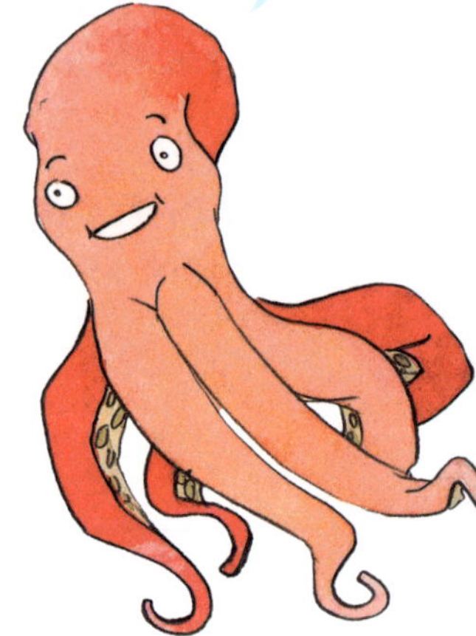

Mehrwegverpackungen
- Verpackungen, die zurückgegeben werden, damit sie erneut benutzt werden können, z. B. Mehrwegflaschen

Restmüll
- nicht mehr verwertbare Abfälle, z. B. Staubsaugerbeutel, Porzellan, Windeln

Einkaufszettel
- Milch
- Wurst
- Käse
- Apfelsaft
- Halsbonbons
- Eier
- Birnen
- Brot

Überlege, wie die Artikel auf dem Einkaufszettel verpackt sein können.
Für welche Waren gibt es Mehrwegverpackungen?

____

____

Hast du die Seite fertig bearbeitet? Dann darfst du dir hinten einen Stern auf die Nummer 138 kleben.

Trenne den Müll richtig. Was gehört in welchen Sammelbehälter?

Glas	Papier/Pappe	Verpackungen

Bioabfall	Restmüll

Überlege: Was wirfst du jeden Tag weg und in welchen Sammelbehälter wirfst du es?

Ordne den Text zum Glas-Recycling.

☐ Fremdstoffe werden aussortiert.

☐ Das Altglas wird in Sammelcontainern vorsortiert nach Weißglas, Braunglas und Buntglas.

☐ Das vorsortierte Glas wird zur Aufbereitungsanlage gebracht.

☐ Das Glas wird zerkleinert.

☐ Neue Gläser und Flaschen werden geformt.

☐ Die Scherben werden geschmolzen.

☐ Mit einem Magneten werden Flaschenverschlüsse und andere Blechteile abgetrennt. Papier, z. B. von den Etiketten, wird mit dem Papiersauger abgetrennt.

☐ Die Scherben werden gesiebt. Die letzten Fremdstoffe oder falsche Glasfarben werden aussortiert.

Hast du die Seite fertig bearbeitet? Dann darfst du dir hinten einen Stern auf die Nummer 101 kleben.

Was wird aus den Wertstoffen hergestellt? Trage ein.

Aus Altpapier werden:	Aus Altglas werden:	Aus Verpackungen werden:
______________	______________	______________
______________	______________	______________
______________	Aus Bioabfall wird:	______________
______________	______________	______________
______________		______________

Aus Bioabfall wird in Biogasanlagen Strom gewonnen.

Der Restmüll wird vom **Müllauto** zur Müllverbrennungsanlage gebracht. Er wird dort in einen **Bunker** gekippt. Mithilfe des **Greifkrans** wird der Müll in die **Feuerungsanlage** befördert und dort verbrannt.
Bei der Verbrennung entstehen giftige Rauchgase. Mit Filteranlagen wird der Rauch ungiftig gemacht, bevor er durch die **Schornsteine** nach draußen gelangt.
Der Rest des verbrannten Mülls heißt **Schlacke**. Die Schlacke wird in einer Deponie gelagert.

Ordne die dick gedruckten Begriffe den Zahlen zu.

1 ______________________ **2** ______________________

3 ______________________ **4** ______________________

5 ______________________ **6** ______________________

Hast du die Seite fertig bearbeitet? Dann darfst du dir hinten einen Stern auf die Nummer 177 kleben.

Der Boden einer Mülldeponie wird mit einer Lehmschicht und einer Kunststofffolie abgedichtet. In der Deponie befinden sich Sickerrohre. Sie leiten Wasser aus der Deponie zur Kläranlage. Wenn die Deponie voll ist, wird sie auch oben abgedichtet, mit Erde bedeckt und bepflanzt.

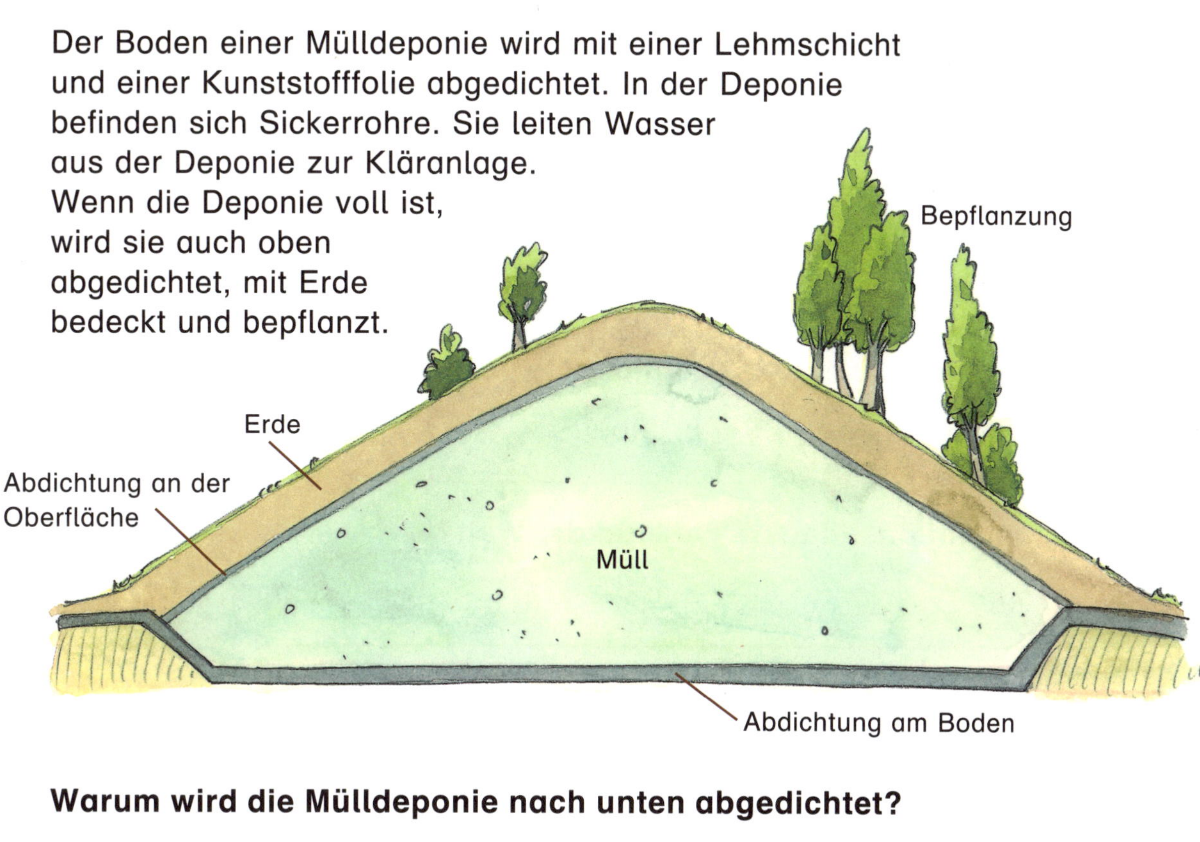

Warum wird die Mülldeponie nach unten abgedichtet?

____

____

Warum wird die Mülldeponie nach oben abgedichtet?

____

____

Warum wird das Wasser aus den Sickerrohren zur Kläranlage geleitet?

____

____

Müll wird heute immer erst verbrannt, bevor er auf die Deponie gebracht wird. Warum?

____

Wie wurde das erste Fahrrad auch genannt?

- [ ] Hochrad
- [ ] Draisine
- [ ] Kettenantriebsrad

Wie lang ist die längste Brücke der Welt?

- [ ] 54 km
- [ ] 25 km
- [ ] 80 km

Wo steht mit 830 m Höhe der höchste Turm der Welt?

- [ ] in den USA
- [ ] in Japan
- [ ] in Dubai

Wie lang ist das längste Fahrrad der Welt?

- [ ] 15 m
- [ ] 3 m
- [ ] 28 m

Die Camera obscura war der erste Fotoapparat.
Wie nannte man sie noch?

- [ ] Lochkamera
- [ ] Umkehrkamera
- [ ] Linsenkamera

Was bedeutet SMS?

- [ ] sending sweet memories
- [ ] short messages system
- [ ] shining morning sun

Wo steht des größte Wasserkraftwerk der Welt?

- [ ] in China
- [ ] in Kanada
- [ ] in Brasilien

Die Hindenburg war das längste jemals gebaute Luftschiff.
Wie lang war sie?

- [ ] 133 m
- [ ] 312 m
- [ ] 254 m

Wann landete ein Mensch zum ersten Mal auf dem Mond?

- [ ] 1911
- [ ] 1969
- [ ] 2000

Hast du die Seite fertig bearbeitet? Dann darfst du dir hinten einen Stern auf die Nummer 158 kleben.